SOFT SKILLS

José Carlos Cordeiro Martins

SOFT SKILLS

Conheça as ferramentas para você adquirir, consolidar e compartilhar conhecimentos

BRASPORT

Editor: Sergio Martins de Oliveira
Diretora: Rosa Maria Oliveira de Queiroz
Gerente de Produção Editorial: Marina dos Anjos Martins de Oliveira
Preparação de texto: Camila Britto da Silva
Editoração Eletrônica: Abreu's System
Capa: Use Design

M386s Martins, José Carlos Cordeiro
Soft Skills: conheça as ferramentas para você adquirir, consolidar e compartilhar conhecimentos / José Carlos Cordeiro Martins – Rio de Janeiro: Brasport, 2017.

ISBN: 978-85-7452-840-3

1. Aprendizagem 2. Habilidades I. Título.

CDD: 370.1523

Ficha Catalográfica elaborada por bibliotecário – CRB7 6355

BRASPORT Livros e Multimídia Ltda.
Rua Pardal Mallet, 23 – Tijuca
20270-280 Rio de Janeiro-RJ
Tels. Fax: (21)2568.1415/2568.1507
e-mails: marketing@brasport.com.br
vendas@brasport.com.br
editorial@brasport.com.br

www.brasport.com.br

Filial SP
Av. Paulista, 807 – conj. 915
São Paulo-SP

Dedico esta obra à minha família. Eu me sentiria extremamente realizado se, de alguma maneira, este trabalho inspirasse meus filhos – Matheus e Leonardo – em suas jornadas de crescimento intelectual e profissional.

Agradecimentos

Agradeço aos meus mestres, Reginaldo Arakaki e Edit Campos, por terem me inspirado durante as aulas e sessões de orientação, plantando as sementes que resultaram nesta obra.

Agradeço também aos meus amigos Wellington Durães e Renato Manzan, que trilharam a jornada do mestrado ao meu lado. Suas opiniões, sugestões e críticas foram muito pertinentes e vitais para a concepção e conclusão desta obra.

Acima de tudo, agradeço a Deus por ter me munido com certos talentos que me permitem ajudar outras pessoas; em especial, aquelas que carecem de apoio e orientação intelectual e profissional. Acredito que um dos maiores legados que podemos deixar é o ensino que capacita outras pessoas a alcançar o sucesso. Talvez este seja um dos grandes propósitos de Deus para nossas vidas...

Sobre o Autor

José Carlos Cordeiro é Analista de Sistemas, graduado pela Universidade Mackenzie, com pós-graduação em Administração de Empresas pela Fundação Getúlio Vargas (FGV) e mestre em Engenharia da Computação pela Fundação de Apoio ao IPT.

Nos primeiros vinte anos de carreira trabalhou como desenvolvedor de software, nas funções de programador, analista e gerente em fábricas de software. Há 15 anos assumiu a função de diretor na Compugraf Segurança Digital e, desde então, teve a oportunidade de dirigir, além da área de TI, as seguintes áreas: administrativa, financeira, jurídica, recursos humanos, marketing, pós-vendas e pré-vendas, dentre outras.

Na área acadêmica, atuou como professor em cursos de engenharia de software e administração de empresas com foco em TI. Também apoiou alunos de pós-graduação como orientador em trabalhos de TCC.

É autor dos livros "Gerenciando projetos de desenvolvimento de software com PMI, RUP e UML", "Gerenciando projetos de segurança da informação" e "Técnicas de gerenciamento de projetos de software", todos publicados pela Brasport.

Sumário

Introdução

Vivemos em uma época em que o conhecimento humano cresce exponencialmente. Isso demanda de nós uma capacidade cada vez maior de adquirir (aprender), criticar e desenvolver novos conhecimentos, e de compartilhar com outras pessoas aquilo que sabemos (ensinar, informar, convencer, motivar a agir, etc.). Trata-se de uma época de inovação permanente, que exige de cada um de nós o aprendizado contínuo.

Conforme indicado por vários estudos, a renda de um profissional intelectual (que trabalha com conhecimento, como engenheiros, administradores, publicitários, etc.) normalmente é proporcional ao seu nível de escolaridade. Por exemplo, um profissional de nível superior pode ganhar muitas vezes mais que outro de nível médio. Será que existe um corpo de conhecimento que, ao dominarmos, aumentará nossa chance de obter sucesso em nossa vida profissional, acadêmica e em outros campos?

Para que uma pessoa tenha sucesso em sua vida profissional, é vital que desenvolva as habilidades de adquirir novo conhecimento, consolidar o conhecimento adquirido e compartilhar esse conhecimento com outras pessoas. As empresas contratam funcionários com maior bagagem de conhecimento, em especial sua capacidade técnica, os *hard skills*, mas os promovem e os demitem com base em suas habilidades de *soft skills*. Os *hard skills* são as competências técnicas ensinadas na escola e podem ser adquiridas por meio de treinamento e estudo. Os *soft skills*, por sua vez, são algumas atitudes e habilidades comportamentais inatas ou aperfeiçoadas por cada pessoa, e não são ensinadas nas escolas.

As habilidades técnicas geralmente são importantes em uma área específica, como engenharia, psicologia, administração, química, dentre outras. Mas os *soft skills* são úteis em qualquer área de atuação. Por exemplo: em geral as empresas preferem um profissional com habilidade de aprender rápido e de se expressar melhor, para compartilhar seus planos com colegas de trabalho e clientes. O mesmo acontece no mundo acadêmico, onde as pessoas com esse tipo de habilidade também se destacam.

Neste livro apresentamos um conjunto de instrumentos, uma caixa de ferramentas, que nos permitirá desenvolver alguns dos *soft skills* mais importantes. As ferramentas abordadas, quando aplicadas de forma adequada, nos permitirão desenvolver nossas habilidades de aquisição, consolidação e compartilhamento de conhecimentos.

Elas são compostas por métodos, técnicas e boas práticas:

- **Leitura de livros** – Por meio de um livro o autor comunica suas ideias, opiniões e argumentos. A sua leitura nos permite conversar com o autor. Para o leitor os livros são uma das principais ferramentas de aquisição e consolidação de conhecimentos.
- **Leitura dinâmica** – Esta ferramenta nos permite ler de forma mais rápida e eficiente, acelerando a aquisição de novos conhecimentos.
- **Anotações** – Usamos anotações para registrar as ideias mais importantes de um livro que lemos ou de uma apresentação que assistimos. Trata-se de um excelente meio de aquisição e consolidação de conhecimentos.
- **Mapas conceituais e mapas mentais** – Ferramentas para mapear coisas, ideias, informações, dentre outros tipos de conhecimentos, que podem ser abstratos ou físicos. É aplicada na consolidação e no compartilhamento de conhecimentos. Para quem lê um mapa, são veículos rápidos de aquisição de conhecimento.
- **Redação** – Neste livro usamos o nome redação para nos referirmos a textos escritos, como relatórios, sínteses e livros. É uma das ferramentas básicas para compartilhamento de conhecimentos.
- **Sínteses** e **resumos** – A síntese de um texto (livro, artigo, etc.) consiste em reproduzir o conteúdo original, mas de forma abreviada, considerando somente as ideias centrais. Esta ferramenta é muito útil para consolidarmos e compartilharmos conhecimentos.
- **Desenho de ideias** – Muitas vezes é difícil transmitir uma ideia somente por meio de palavras escritas ou faladas. Nesses casos, o uso de desenhos, imagens e gráficos pode ser um eficiente complemento. O desenho de ideias é útil para aquisição, consolidação e compartilhamento de conhecimentos.
- **Apresentações orais** – Tão importante quanto dominar um assunto é saber apresentá-lo de um jeito especial, que desperte nas pessoas algum desejo – de comprar, de aprender, de fazer algo, etc. Preparar uma apresentação é uma das formas mais poderosas de consolidação de conhecimento. A realização da apresentação, por sua vez, é uma das ferramentas básicas de compartilhamento. Assistir a uma apresentação é um meio de aquisição.
- **História** – A função de uma história é levar os ouvintes a vivenciar o conteúdo de uma mensagem em um nível mais profundo, quase visceral. Desenvolver e contar histórias são formas, respectivamente, de consolidação e compartilhamento de conhecimentos.

- **Pensamento crítico** – Trata-se de uma abordagem sistemática para dissecarmos a estrutura de um pensamento, nosso ou de outra pessoa, em um diálogo ou texto escrito. Podemos usar esse mecanismo para resolver problemas, estruturar discursos, desenvolver ou analisar textos (artigo, livro, pesquisa, etc.), ensinar, dentre outras aplicações. Esta é uma ferramenta extremamente eficaz para consolidação do conhecimento.
- **Argumentação** – Usamos argumentos para dar suporte a nossos pontos de vista, com base em explicações válidas e coerentes. A argumentação é uma das ferramentas básicas para a consolidação de conhecimentos compartilhados de forma escrita e oral.

Neste livro propomos uma caixa de ferramentas de *soft skills*. Elas podem ser utilizadas de forma combinada ou isoladamente para melhorar nossas capacidades de adquirir, consolidar e compartilhar conhecimentos. Em cada um dos próximos capítulos abordamos uma ou mais ferramentas, da seguinte forma:

- Capítulo 1 – Uma Caixa de Ferramentas
- Capítulo 2 – Leitura de Livros, Marcações e Anotações
- Capítulo 3 – Leitura Dinâmica
- Capítulo 4 – Mapas Conceituais e Mapas Mentais
- Capítulo 5 – Relatórios, Resumos e Redações
- Capítulo 6 – Imagens, Gráficos e Desenho de Ideias
- Capítulo 7 – Apresentações Orais
- Capítulo 8 – Histórias
- Capítulo 9 – Pensamento Crítico e Argumentação

Os capítulos não precisam ser lidos sequencialmente, em especial aqueles que abordam as ferramentas (2 a 9). Contudo, recomendamos que o Capítulo 1 seja lido na íntegra ao menos uma vez, para que o valor e a função de cada ferramenta possam ser mais bem compreendidos. Os capítulos pertinentes às ferramentas podem ser lidos isoladamente, como fonte de inspiração na preparação de uma atividade, como uma reunião, um relatório, uma apresentação, o planejamento de um projeto, etc.

1
Uma Caixa de Ferramentas

Apresentamos algumas ferramentas básicas, que serão descritas ao longo deste livro, para articulação e comunicação de ideias. Explicamos como elas podem ser usadas isoladamente ou em conjunto para aquisição, consolidação e compartilhamento de conhecimentos.

Neste livro apresentamos um conjunto de ferramentas para aprimorar nossas capacidades de aquisição, consolidação e compartilhamento de conhecimento. Mostrarei como essas ferramentas podem ser usadas de forma combinada para obtermos melhores resultados. Não se trata de uma pesquisa científica, já que não realizei experimentos nem colhi evidências. A eficácia dessas ferramentas foi observada de forma empírica na minha vida pessoal e também na vida de pessoas com quem convivi e convivo no ambiente profissional e no acadêmico.

A aquisição de novo conhecimento está associada à capacidade de aprender rapidamente novas coisas. Adquirimos novo conhecimento por meio de leitura, assistindo a apresentações, observando e analisando desenhos, dentre outras maneiras.

A consolidação do conhecimento adquirido ocorre quando criticamos esse conhecimento, refutando-o ou absorvendo-o, quando o aplicamos na prática, quando o sintetizamos, quando geramos novo conhecimento derivado daquele que foi adquirido, dentre outros caminhos. A consolidação leva ao enriquecimento de nosso repertório intelectual.

Finalmente, o compartilhamento de conhecimento ocorre quando passamos adiante aquilo que conhecemos, seja para informar, ensinar ou convencer outras pessoas de que o novo é melhor que o anterior, dentre outros objetivos. Nossas chances de sucesso são maiores quando o conhecimento que vamos compartilhar está consolidado em nossa mente. Fazemos isso por meio de apresentações, de texto escrito ou redações, desenhos, etc.

As pessoas que nos ouvem, nos veem e leem nossos textos irão reiniciar esse ciclo de aquisição, consolidação e compartilhamento, como mostrado na figura a seguir.

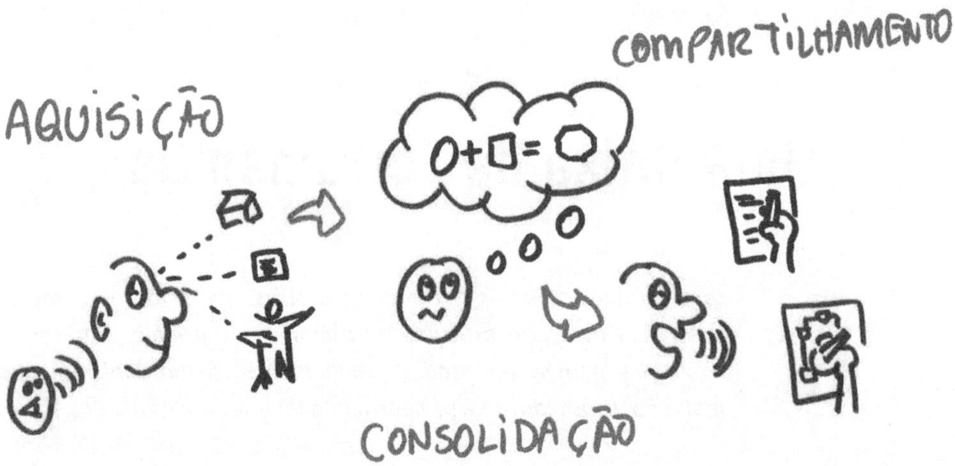

Figura 1.1. Fluxo de aquisição, consolidação e compartilhamento de conhecimentos.

A criatividade é um dos elementos vitais para nosso sucesso na vida profissional e intelectual. Um dos aspectos da criatividade é a capacidade de aplicar conhecimentos de diferentes áreas para solucionar problemas de uma outra área. Para aprimorar essa habilidade precisamos desenvolver nossas capacidades cognitivas, elaborando um repertório mental de ferramentas e soluções que nos ajudarão nesse desafio. As ferramentas expostas neste livro têm essa finalidade. Elas nos ajudam a aprimorar nossa capacidade criativa, aumentando nossas chances de sucesso profissional e acadêmico, que está profundamente associado à nossa facilidade em entender, mapear e sintetizar o conhecimento.

Um dos marcos da evolução humana foi o desenvolvimento da capacidade de acumular conhecimento e depois aplicá-lo e compartilhá-lo, dando origem ao que chamamos de cultura. A partir do desenvolvimento dessa capacidade, os seres humanos avançaram para a revolução agrícola, a vida em sociedade, a revolução industrial, a revolução da informação e, finalmente, a revolução do conhecimento. A cultura é uma das características mais importantes que nos distingue de nossos ancestrais. Trata-se da capacidade de desenvolver, acumular e transmitir conhecimento de uma geração para outra.

É da natureza do conhecimento estar em permanente mutação, como decorrência de novas descobertas e melhor observação e compreensão dos fenômenos. Por exemplo, ao final da Idade Média acreditava-se que a Terra era plana e depois percebeu-se que isso era um equívoco.

As pessoas que se destacam costumam ser aquelas que criam novo conhecimento. Normalmente elas fazem perguntas diferentes, que nunca foram pensadas ou que não atraíram o interesse dos outros. Essas pessoas costumam ser consideradas esquisitas, excêntricas e até malucas. E assim permanecem até o momento em que fazem uma grande descoberta e passam a ser vistas como gênios.

Hoje em dia normalmente estudamos as grandes conquistas intelectuais da humanidade geradas por essas pessoas, como escrita, matemática, filosofia, dentre outras, de forma isolada, como se cada uma não tivesse nada ver com as outras. Essa abordagem enfatiza as árvores e não a floresta, negligenciando o fato de que o conhecimento é construído de forma incremental. Por exemplo, Isaac Newton não inventou a física observando uma maçã cair de uma árvore, mas ele passou anos compilando informações desenvolvidas por outros pesquisadores a respeito da órbita dos planetas. Partimos de conhecimentos anteriores, desenvolvidos por outras pessoas. Pesquisas recentes sugerem que somos evolutivamente adaptados para ensinar outros seres humanos. O desenvolvimento humano se parece com uma corrida de revezamento. Porém, nesse caso, as pessoas que pegam o bastão normalmente seguem uma direção que o corredor anterior não previa e com o qual talvez não concordasse. As ferramentas descritas neste livro foram selecionadas com esse mesmo espírito. São técnicas desenvolvidas por diferentes pessoas, ao longo de várias gerações, mas que aqui foram combinadas para formar nossa caixa de ferramentas para o aprimoramento intelectual.

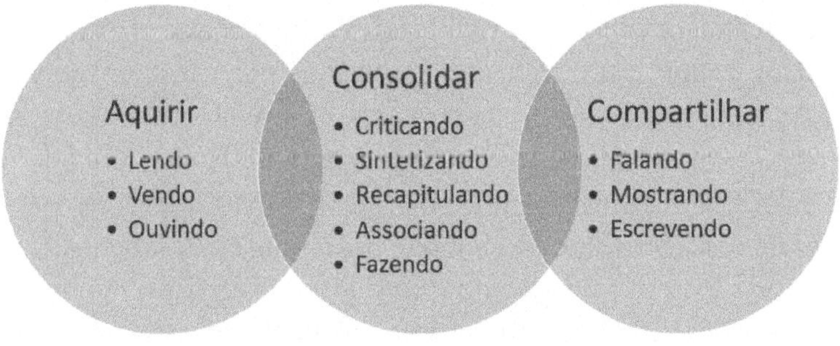

Figura 1.2. Algumas atividades típicas para aquisição, consolidação e compartilhamento de conhecimentos.

1.1 A caixa de ferramentas

Uma caixa de ferramentas é um conjunto de instrumentos destinados a determinado fim. Para os propósitos deste livro, essa caixa de ferramentas é composta por instrumentos que nos permitirão desenvolver alguns *soft skills* importantes para os negócios e para o mundo acadêmico.

Leitura de livros

Os livros contêm conhecimentos acumulados ao longo de muito tempo. Atualmente a maior parte do conhecimento que adquirimos vem por meio dos materiais escritos, em especial os livros. Segundo [CASTRO], "ler livros é como aprender com um professor que não está presente". Contudo, para tirar melhor proveito de um livro precisamos criticá-lo à medida que lemos, fazendo perguntas como: a lógica está correta? As evidências apresentadas levam às conclusões que o autor defende? As ideias apresentadas pelo autor são consistentes com a sua formação e vivência?

Ao ler um livro podemos usar as técnicas de pré-leitura e leitura ativa, que nos permitem atingir esses objetivos. A pré-leitura nos ajuda a identificar rapidamente que partes de um livro devem ser lidas ou descartadas. A leitura ativa nos ajuda a interpretar e validar o material à medida que o lemos. Ela exige de nós iniciativa e atenção e requer um esforço intelectual considerável, pois realizamos um diálogo imaginário com o autor. Por meio dos livros realizamos a aquisição de novos conhecimentos, consolidamos e compartilhamos o que sabemos.

Anotações

Podemos usar as técnicas de anotação quando lemos um texto ou ouvimos uma apresentação. A finalidade básica é registrar o esqueleto básico das ideias expostas que forem mais importantes, sem nos perdermos por causa de detalhes desnecessários. Não é possível anotar tudo que está sendo dito ou lido, mesmo porque nossas mãos não operariam na mesma velocidade da fala do orador. Precisamos aprender a selecionar as ideias centrais e os pontos mais relevantes para construir nossas notas. Enquanto ouvimos ou lemos, mantemos um diálogo silencioso com o orador ou autor, como se estivéssemos constantemente fazendo perguntas: quais são as ideias centrais? O que é apenas detalhe? Como essas ideias estão conectadas? Quais exemplos devo anotar? Logo, segundo [CASTRO], "anotar é um processo de seleção de ideias, fatos e ilustrações". As informações que colocamos no papel é a nossa versão daquilo que foi dito (ou lido). São aqueles itens que consideramos mais relevantes, incluindo os detalhes e exemplos que nos permitirão reconstruir o assunto apresentado. Quanto mais amadurecemos intelectualmente, mais concisas e perfeitas serão nossas anotações. Fazer anotações é uma forma muito eficiente de aquisição e consolidação de conhecimento.

Leitura dinâmica

A leitura dinâmica, ou acelerada, nos permite ler de forma mais eficiente. Podemos absorver uma quantidade maior de informações e depois retê-las com menos esforço e tempo. Para que a leitura acelerada funcione, será necessário reaprender a ler, incluindo treinar o movimento dos olhos e a forma como capturamos os significados das palavras.

Uma pessoa normal lê em uma velocidade que varia entre 150 a 200 palavras por minuto. Ao empregar as técnicas de leitura dinâmica, é possível ler até cinco vezes mais rápido. Por meio dessa técnica desenvolveremos nossas habilidades de aquisição e poderemos adquirir novos conhecimentos de forma mais rápida e eficiente.

Redações

Nas escolas e na vida profissional muitas vezes somos avaliados pela nossa capacidade de escrever – mais especificamente, de compartilhar informações por meio de dissertações, descrições e narrações. Por exemplo, na vida acadêmica tipicamente temos que escrever um trabalho de conclusão de curso, artigos, além de outros textos. Na vida profissional temos que preparar relatórios, propostas comerciais, descritivos de produtos, relatórios de atendimento, etc.

Dissertar significa "falar sobre". É o tipo de texto no qual expomos ideias e apresentamos argumentos que as comprovem. Em uma dissertação, revelamos nossa opinião a respeito de um assunto. Na descrição, por sua vez, apresentamos as características de um determinado objeto, pessoa, ambiente ou paisagem. Devemos responder à pergunta: como a coisa (lugar/pessoa) é? É importante tentar descrever os mais variados sentidos, como aroma, cheiros, cores, sensações e tudo mais que envolve a realidade a ser descrita. Finalmente, na narração são contados fatos ocorridos em determinado tempo e lugar, envolvendo personagens. Nesse tipo de texto devemos "narrar a ação" respondendo à pergunta: o que aconteceu? Ver capítulo "Histórias" para maiores informações sobre narrações.

Existem algumas regras gerais para desenvolvimento de redações, seja qual for o tipo de texto. Mais adiante, neste livro, vamos abordar as principais. A redação é uma forma muito comum de consolidação e compartilhamento de conhecimento. por exemplo, ao escrever um livro, que é um tipo comum de redação, o autor consolida seus conhecimentos por meio de muita pesquisa e reflexão e depois os compartilha com outras pessoas.

Sínteses e resumos

Sintetizar implica em abreviar, ou seja, expor um assunto de forma sucinta. Uma forma comum de desenvolver uma síntese é por meio de um resumo. Há dois tipos de resumos: aquele elaborado para estudar (por exemplo, para uma prova ou teste), que é organizado na forma de um "resumo esquema" com vários itens e subitens; e outro por meio de uma redação com a síntese do texto original.

O resumo expresso por meio de uma redação é desenvolvido como um texto normal, aplicando-se as técnicas pertinentes. No "resumo esquema", por sua vez, o texto resumido é organizado por meio de uma lista endentada, normalmente numerada, sendo um item para cada ideia (somente as ideias que consideramos centrais).

Nossos interesses pessoais e nossa experiência prévia no assunto são fundamentais quando desenvolvemos um resumo. Quando resumimos para nós mesmos, podemos suprimir alguns conceitos e fatos já subentendidos, que são dados como certos e, por serem óbvios, não precisam ser detalhados ou explicados. Isso não acontece quando construímos resumos que serão lidos por outras pessoas. As sínteses são uma excelente ferramenta para consolidação e compartilhamento de conhecimento, já que reelaboramos o conhecimento, criando uma versão compactada dele.

Mapas conceituais e mapas mentais

Mapas são usados para mostrar relacionamentos espaciais entre objetos, ou seja, para mostrar onde estão posicionados uns em relação aos outros. Eles podem ser de diferentes tipos, como mapas organizacionais, diagramas de Venn[1], quadrantes, dentre outros. Neste livro serão explorados os mapas mentais e os mapas conceituais, concebidos para mapear coisas, ideias, informações, dentre outros tipos de conhecimentos físicos e abstratos.

Podemos representar um conhecimento de diferentes formas, por meio de palavras escritas ou por meio de desenhos. Quando usamos as duas formas simultaneamente, isso facilita muito a compreensão de quem o consulta ou estuda. No mapa mental e no mapa conceitual as ideias são expressadas por meio de palavras,

[1] Os diagramas de Venn são representados por meio de círculos sobrepostos, para destacar a interseção entre conjuntos de dados. Foram idealizados pelo matemático inglês John Venn com o objetivo de facilitar a representação de relações de união e interseção entre conjuntos. Esses diagramas são muito utilizados em estatística para organizar e analisar dados colhidos em pesquisas, já que uma mesma resposta pode pertencer a dois ou mais conjuntos.

desenhos, cores, setas, etc. Os mapas são muito úteis para consolidação e compartilhamento de conhecimento.

Desenho de ideias

Podemos usar desenhos para demonstrar às outras pessoas qual foi o nosso entendimento sobre um assunto ou situação exposta. Podemos fazer desenhos para os elementos envolvidos (o que/quem), para mapear a relação entre os elementos (onde), para representar uma sequência de eventos que levaram a uma situação (quando), para avaliar o impacto de uma crise (quanto), para mostrar como os elementos interagiram para gerar uma situação (como), etc. Por meio de desenhos atuamos na consolidação do nosso conhecimento (elaboração de desenhos e imagens) e também no compartilhamento (quando mostramos e explicamos para outras pessoas).

Apresentações orais

Uma das habilidades importantes para o sucesso profissional e acadêmico é saber fazer boas apresentações. Estabelecer uma comunicação eficiente é muito importante; assim, os ouvintes conseguirão entender a mensagem que desejamos passar. Em qualquer cargo ou área de atuação, precisamos saber nos comunicar bem para apresentar nossas ideias, nosso ponto de vista, e para influenciar e convencer as outras pessoas com nossos argumentos. As empresas valorizam muito a capacidade de comunicação. Portanto, além da competência para desempenhar nossas atividades profissionais, também precisamos saber transmitir para as outras pessoas nossas ideias, argumentos, pontos de vista, dentre outros conhecimentos. Além de saber apresentar bem, também precisamos desenvolver técnicas para nos prepararmos previamente, o que requer habilidades específicas. Trata-se de uma forma muito eficiente de compartilhamento de conhecimento.

Histórias

Histórias são um eficiente meio de estimular e engajar o cérebro humano. Elas nos ajudam a nos conectar com nossos interlocutores, aumentando as chances de que concordem com nossos pontos de vista. Segundo [GALVÃO], o principal objetivo da comunicação é estabelecer um vínculo emocional com a plateia em relação ao herói da nossa da história, o protagonista. Esse vínculo faz com que as pessoas se identifiquem e torçam por ele, como se o desafio do herói fosse delas próprias.

Na vida profissional nós contamos histórias sobre nossos projetos, sobre campanhas de marketing, sobre as vendas, sobre nossos produtos. Em uma entrevista de emprego contamos histórias sobre nossa carreira profissional. Na vida acadêmica podemos contar histórias para explicar um conceito complexo, para mostrar como se usa uma tecnologia ou método de trabalho, etc. A função da história é levar os ouvintes a vivenciar o conteúdo da mensagem em um nível mais profundo, de forma mais intensa. As histórias são um excelente meio de compartilhamento do conhecimento. Ao construir uma história atuamos na consolidação do conhecimento.

Pensamento crítico

O pensamento crítico é uma abordagem sistemática para avaliarmos o conhecimento, como o conteúdo de um livro, artigo, apresentação, afirmação, crença, problemas, etc. O pensamento pode ser decomposto em múltiplas dimensões: qualidade do pensamento, estrutura do pensamento, valores e princípios (de quem pensa).

A "qualidade do pensamento" diz respeito às características do pensamento, como clareza, precisão, relevância, abrangência, dentre outros. A "estrutura do pensamento" consiste de elementos básicos que o compõem. Começa com um propósito, que pode ser traduzido em uma pergunta-chave que buscamos responder. Implica em uma inferência, que toma por base dados e informações relevantes, premissas, conceitos e teorias previamente conhecidos. Considera diferentes pontos de vista e resulta em consequências. Finalmente, os "valores e princípios" indicam alguns traços importantes do pensador, como humildade, coragem, integridade, dentre outros.

Para aplicar o pensamento crítico, precisamos formular muitas perguntas, com a finalidade de avaliar o pensamento (ou raciocínio) a partir de uma dessas dimensões: qualidade, elementos e valores.

Argumentação

Argumentar é o mesmo que oferecer "razões ou evidências" para defender uma "conclusão". Por meio da argumentação é possível confrontar diferentes pontos de vista para encontrar o melhor. Um argumento não é apenas a negação do que outra pessoa diz. Mesmo que nosso interlocutor diga algo de errado e saibamos que é errado, para resolver a disputa temos que produzir argumentos. A argumentação é dos mecanismos do pensamento crítico. Neste livro são apresentadas algumas técnicas básicas de construção de argumentos. Essas técnicas nasceram no campo do estudo filosófico, como muitas outras disciplinas, mas são aplicadas a todas as áreas do conhecimento. Argumentar é uma excelente forma de consolidação e construção de novos conhecimentos.

As ferramentas apresentam melhor resultado quando usadas em conjunto, já que uma potencializa a eficácia da outra.

Por exemplo, o resultado das apresentações é potencializado pelo domínio de histórias, desenhos, anotações, pensamento crítico e argumentação. Em uma apresentação, pode ser necessário contar histórias e fazer desenhos para passar uma mensagem, fazer uma analogia, demonstrar um ponto de vista, dentre outras finalidades. Em uma apresentação a ferramenta de anotações é especialmente útil quando estamos na plateia. Podemos registrar os pontos mais importantes do assunto apresentado, dos quais precisaremos nos recordar. Finalmente, as técnicas de pensamento crítico e argumentação são vitais para construirmos argumentos fortes e para nos defendermos de contra-argumentos quando expomos nossos pensamentos.

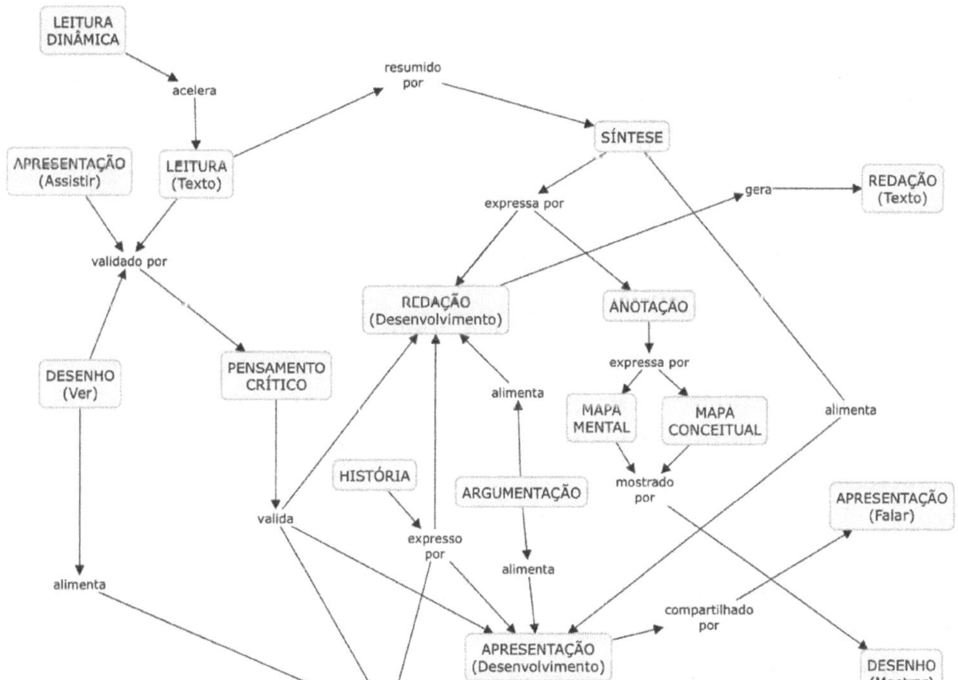

Figura 1.3. Mapa de associação entre as ferramentas, mostrando como podem ser usadas em conjunto para maximizar nosso resultado.

Nossa capacidade de escrever redações pode ser aperfeiçoada se, além das técnicas pertinentes, dominarmos as ferramentas de pensamento crítico, argumentação e desenho de ideias. Por meio da abordagem do pensamento crítico desenvolvemos um raciocínio muito mais robusto, considerando as várias dimensões do pensamento: propósito, pontos de vista, inferência, informações de suporte, premissas, conceitos base e implicações ou consequências. Conhecer as técnicas de argumentação nos dá subsídios para construirmos argumentos fortes, que sejam irrefutáveis, que dão maior credibilidade ao nosso texto. Os desenhos são úteis na fase de planejamento da redação. Por meio de desenhos podemos projetar a estrutura e o conteúdo da nossa redação – por exemplo, usando mapas mentais e outras figuras.

Para criar uma síntese precisamos conseguir capturar os principais pontos de um assunto e organizá-los de forma lógica, de modo que depois possamos usar essa informação para escrever uma redação, fazer uma apresentação, criar um desenho ou para qualquer outra finalidade. Os mapas mentais são úteis durante o processo de sintetização, pois as ideias principais podem ser facilmente registradas por meio de um mapa. As técnicas de anotações contribuem com o processo de sintetização porque são um meio de registro rápido, durante a leitura ou enquanto assistimos a uma apresentação, dos pontos que consideramos mais importantes. Finalmente, o domínio das técnicas de pensamento crítico e argumentação nos dá subsídios para conseguirmos avaliar a relevância e a validade das ideias e dos argumentos registrados em nossa síntese.

Para criarmos boas narrativas é importante dominar as técnicas de construção de histórias, o que inclui roteiro, personagens, principais eventos, etc. As habilidades pertinentes às ferramentas de desenho de ideias são úteis para o planejamento da história: podemos desenhar a linha do tempo para projetar o roteiro, retratos para criar os personagens, mapas para refletir sobre a evolução do protagonista, dentre outros pontos. O conhecimento das técnicas de argumentação é útil para elaboração das mensagens que pretendemos passar por meio das histórias – mensagens que sejam sólidas, com argumentos fortes e de fácil entendimento.

A ferramenta de desenho pode se beneficiar dos mapas mentais e mapas conceituais, que são tipos específicos de desenhos para mapearmos coisas e conceitos. O domínio das técnicas de pensamento crítico e argumentação também nos dá recursos para elaborarmos desenhos que expressem argumentos. Dessa forma, podemos defender uma posição usando um desenho para demonstrar nossas premissas e como elas nos levam a uma conclusão.

Finalmente, podemos extrair muito mais benefício da leitura de livros, um dos principais veículos para aquisição de conhecimento, quando dominamos as técnicas de leitura dinâmica, anotações, pensamento crítico e argumentação. A leitura dinâmica nos permite ler uma quantidade muito maior de informações em menos tempo, melhorando nossa eficiência de aprendizagem. As técnicas de anotações são importantes porque nos ajudam a capturar, de forma rápida e simples, as ideias mais relevantes de um livro. A tomada de notas nos ajuda a consolidar o conhecimento, já que somos obrigados a refletir sobre a importância daquilo que estamos lendo. O domínio das técnicas de pensamento crítico e argumentação é muito útil no processo de leitura analítica e crítica, quando avaliamos a atualidade, a veracidade, a coerência, dentre outros aspectos, das ideias expressas pelo autor em seu livro.

Como exposto, existem diversas formas de aquisição de conhecimento. Quando as dominamos, desenvolvemos e melhoramos nossa capacidade de aprender. A consolidação do conhecimento é o próximo estágio, depois da aquisição. Consolidar um conhecimento significa conectá-lo com outros conhecimentos que existem em nosso repertório intelectual. Depois que consolidamos um conhecimento, passamos a ter a capacidade de aplicá-lo na prática. Finalmente vem o compartilhamento do conhecimento consolidado, quando dividimos com outras pessoas nossas ideias. No quadro seguinte está resumido como cada ferramenta nos auxilia nesse processo de aquisição, consolidação e compartilhamento.

	Aquisição	Consolidação	Compartilhamento
Leitura de livros	• Ler de forma "ativa" • Fazer pré-leitura para ganhar visão abrangente do conteúdo e decidir o que vale a pena ser lido • Fazer leitura analítica para "absorver" o material selecionado para leitura	• Fazer leitura crítica do conteúdo do livro	• Ver redação
Marcações	• Identificar e destacar os pontos principais ou ideia central em um texto (livros, artigos, etc.)		
Anotações	• Sintetizar e registrar os pontos principais ou ideia central – livros, apresentação, etc.	• Selecionar as ideias centrais e os argumentos usados para demonstrá-las • Recapitulação – consultar e lembrar (sem consulta)	
Leitura dinâmica	• Fazer leitura acelerada		

	Aquisição	Consolidação	Compartilhamento
Mapas conceituais e mapas mentais	• Capturar e registrar informações de forma fluida e, algumas vezes, desestruturada – resumo de livros, apresentações, etc.	• Estruturar e reorganizar o mapa • Criar novas associações e conclusões	• Mostrar o mapa para outras pessoas
Redações		• Organizar as ideias e criticar as informações levantadas • Selecionar estratégias para escrita, desenvolver argumentos, etc. • Preparar rascunhos	• Texto escrito (artigos, livros, etc.)
Sínteses e resumos	• Levantamento de dados (livros, artigos, apresentações, palestras, etc.)	• Selecionar as ideias centrais e os argumentos associados • Leitura analítica, crítica e marcação do texto para sintetização • Selecionar estratégias para escrita, selecionar principais argumentos, etc.	
Desenho de ideias	• Observação – olhar e ver	• Imaginar, estruturar, selecionar estratégias (o que/quem, quando, onde, etc.) • Preparar esboços	• Mostrar o desenho para outras pessoas
Apresentações orais	• Ouvir e ver de forma "ativa"	• Planejar, organizar ideias, pesquisar e criticar as informações levantadas • Selecionar estratégias para organizar e apresentar as informações, desenvolver argumentos, etc. • Preparar esboços da apresentação	• Fazer a apresentação para outras pessoas
Histórias		• Estruturar e reorganizar a história (contexto, trama, personagens, eventos, etc.)	• Compartilhamento da história de forma escrita ou em uma apresentação
Pensamento crítico	• Criticar o raciocínio de terceiros para aprendermos algo	• Raciocinar de forma estruturada, considerando as várias dimensões do pensamento • Adicionar qualidade ao raciocínio	
Argumentação	• Criticar os argumentos de terceiros para aprendermos algo	• Estruturar argumento • Criticar os argumentos apresentados por outras pessoas	• Compartilhamento do argumento de forma escrita ou em uma apresentação

Figura 1.4 – Contribuições de cada ferramenta quanto à aquisição, à consolidação e ao compartilhamento de conhecimentos.

1.2 Aquisição de conhecimento

Como podemos aprender a aprender? Parece estranho fazer tal pergunta, mas trata-se de uma habilidade que normalmente não é ensinada nas escolas. A aprendizagem é própria de todos os humanos. Somos capazes de modificar nosso comportamento avaliando as consequências de nossos atos, tanto os positivos como os negativos. Como seres evoluídos, não aprendemos apenas pelos estímulos externos, mas também a partir da observação do que ocorre com outras pessoas. Também aprendemos através da reflexão, convertendo nosso próprio processo de aprendizagem em objeto de investigação – assim aprendemos a aprender.

Na sociedade atual precisamos estar aptos a aprender ao longo de toda a nossa vida. Nossa sociedade está em permanente evolução e transformação, por isso a necessidade de atualização permanente dos nossos conhecimentos. Todos os dias surgem novas tecnologias, novos métodos, novos produtos que precisamos aprender a utilizar. Por exemplo, isso aconteceu com a revolução da informática, das redes sociais, dos automóveis e das telecomunicações.

Curso de mestrado

Em 2011 obtive o título de Mestre de Engenheiro da Computação com especialização em desenvolvimento de software. Vou contar essa história para demonstrar como as ferramentas apresentadas neste livro contribuem com o processo de aquisição de conhecimento.

O curso de mestrado precisava ser concluído em um período máximo de quatro anos. Durante o curso, os alunos tinham que assistir aulas de oito matérias, sendo quatro obrigatórias e quatro de livre escolha dos alunos. Também era necessário publicar pelo menos dois artigos em congressos acadêmicos. Depois de aprovados nas matérias, tínhamos que desenvolver a pesquisa científica propriamente dita, que deveria ser apresentada a uma banca de avaliadores (doutores no assunto pesquisado pelo aluno).

O primeiro passo, ao iniciar a pesquisa científica, era conseguir que um dos professores nos aceitasse como orientado. Um professor só aceita um aluno se o tema sugerido estiver no seu campo de especialização. Meu tema estava associado à criação de robôs para geração de softwares de computador a partir de especificações construídas por um arquiteto de software.

A primeira tarefa passada pelo meu orientador foi fazer uma pesquisa bibliográfica, para entendermos qual era o estado da arte nesse segmento. Trata-se de um levantamento feito por meio da leitura e análise dos artigos científicos publicados mais recentemente. Nessa etapa foram de grande valia as técnicas de leitura de livros, em especial as técnicas de pré-leitura e leitura analítica, e a leitura dinâmica.

Antes de iniciar a leitura de um livro temos que, primeiro, fazer a pré-leitura. Por meio dela vamos ganhar o entendimento superficial e abrangente do conteúdo do livro. O conhecimento de alto nível da estrutura do livro nos dará uma ideia da forma como o autor abordou o tema antes que comecemos a ler com empenho. Depois decidimos se realmente vale a pena ler o livro que temos em nossas mãos, que partes ler e por onde começar. Por meio da pré-leitura, consegui avaliar várias dezenas de artigos em pouco tempo e pude selecionar quais valiam a pena serem lidos, aqueles que de fato tinham relevância para a minha pesquisa.

A próxima tarefa era ler os artigos selecionados, praticando a leitura analítica. Li os artigos selecionados e pude entender, em cada artigo, o objetivo do autor, a forma como ele desenvolveu sua pesquisa, o resultado obtido e as lacunas que ficaram. Em toda pesquisa existe uma ou mais lacunas, afinal não conseguimos resolver todos os problemas do mundo em uma única empreitada. Conforme meu orientador sugeriu, eu poderia iniciar minha pesquisa científica a partir das lacunas das pesquisas de outros pesquisadores. Nessa empreitada o domínio da leitura dinâmica me permitiu ler uma grande quantidade de material em pouco tempo. Outros colegas do mestrado precisaram de três a cinco vezes mais tempo que eu.

Quando lemos um texto com o intuito de aprender algo novo, para aquisição de novo conhecimento, precisamos praticar a leitura crítica, através do pensamento crítico. Quando lemos dessa forma estamos em busca de respostas específicas. Quando li os artigos selecionados, eu tinha alguns objetivos: entender qual era o estado da arte; identificar lacunas da pesquisa; entender o raciocínio do autor (seus propósitos, seu ponto de vista, sua inferência, dados de suporte, premissas, conceitos usados e implicações da sua pesquisa) para avaliar quais referências bibliográficas eu poderia usar como referência para meu trabalho.

À medida que lia os artigos, tinha que fazer muitas anotações. Elas seriam de grande utilidade posteriormente, no momento de escrever a redação da tese de mestrado. Para tal, usei ferramentas como o método Cornell (descrito adiante), mapas mentais e mapas conceituais. Não existe uma regra, mas usei o método Cornell para capturar as ideias centrais de cada artigo, os mapas mentais para formar um mapa das estratégias e abordagens de cada pesquisador, e os mapas conceituais para registrar os relacionamentos entre conceitos e informações que identificava à medida que lia os materiais selecionados.

Finalmente, vale ressaltar que os artigos mais fáceis de entender eram aqueles com muitas figuras. Os desenhos aproveitam nossa habilidade inata de visão e imaginação para descobrir, desenvolver e compartilhar ideias.

O próximo passo era a reflexão sobre tudo que aprendi para definir especificamente como abordaria meu tema. Esse passo trata da consolidação do conhecimento adquirido.

1.3 Consolidação de conhecimento

Não assimilamos e consolidamos novos conteúdos só pela exposição a eles ou pelo simples esforço de tentar compreendê-los, mas, sim, quando os relacionamos com nossas motivações, objetivos e conhecimentos anteriores – com o nosso repertório intelectual preexistente. As representações mentais que fazemos da realidade não são "objetivas" ou "fiéis" ao mundo exterior, mas um reflexo das nossas necessidades e dos conhecimentos anteriores que já possuímos.

Segundo a teoria da Aprendizagem Significativa, a aprendizagem só é profunda quando nós mesmos construímos o conhecimento, em vez de absorvê-lo como sendo pronto e definitivo. A teoria da Aprendizagem Significativa é proveniente da corrente de pensamento conhecida como Construtivismo e foi desenvolvida pelo psicólogo americano David Ausubel.

Segundo ele, o ponto de partida do ensino é o conhecimento prévio da pessoa sobre o tema que ela vai estudar. Isso é importante porque o novo conhecimento se agregará ao conjunto dos nossos saberes prévios, ampliando nosso repertório.

Dessa forma, a Aprendizagem Significativa ocorre quando estabelecemos relações corretas (e não arbitrárias) entre o que estamos aprendendo e nosso repertório de conhecimento prévio. Assim, a pessoa que aprende consegue duas coisas: construir novos significados e atribuir novos significados ao que já sabia. Um pensamento interessante vem de T. S. Eliot:

> *Poetas imaturos imitam; poetas maduros roubam; poetas ruins desfiguram o que pegam e poetas bons transformam em algo melhor, ou pelo menos diferente. O bom poeta amalgama o seu furto a um conjunto sensível que é único, completamente diferente daquele de onde foi removido.*

A Aprendizagem Significativa requer compreender, interagir, questionar e relacionar o que se está aprendendo com a vida real e cotidiana. Requer analisar a lógica dos argumentos presentes nos textos, ter uma visão global dos temas, buscar por padrões ou princípios gerais no texto estudado e relacionar nosso objeto de estudo com outros campos de conhecimento.

Aprendemos quando falamos e quando formulamos ideias para compartilhar com outras pessoas, tanto de forma escrita quanto falada. O esforço que realizamos para elaborar verbalmente um pensamento nos leva a um nível maior de compreensão e, portanto, de consolidação do conhecimento. Isso se torna mais evidente quando temos que compartilhar um conhecimento usando nossas próprias palavras, em vez de usarmos as mesmas palavras que ouvimos quando aprendemos (em livros ou apresentações, por exemplo). Muitas vezes temos a impressão de que só aprendemos alguma coisa quando somos forçados a nos preparar para ensiná-la e compartilhá-la com alguém mais. Segundo Sêneca, a melhor forma de aprender é ensinando.

Quando nosso interlocutor não entende o que estamos dizendo, ou escrevendo, ou desenhando, somos obrigados a reformular nosso pensamento. Nesse processo precisamos aumentar nosso esforço para reelaborar o conhecimento, nos forçando a melhorar nosso processo de consolidação.

Outra forma muito eficiente de consolidação é o uso de exemplos, analogias, comparações e outros mecanismos. Uma característica importante de nossa mente é que ela requer que um conhecimento tenha um esqueleto para que possa ser retido e consolidado, como descrito em [CASTRO]. Aquilo que faz sentido é fixado em nossa memória, em especial quando é associado com outros conhecimentos prévios do nosso repertório intelectual.

No futuro podemos até nos esquecer dos detalhes, mas sem eles será muito difícil consolidar o conhecimento e fixá-lo em nossa mente. Solto no espaço, sem os devidos detalhes (exemplos, analogias, comparações, aplicações, etc.), será difícil incorporar um novo conhecimento ao nosso repertório.

Por exemplo, para entender a teoria da gravitação universal de Galileu, podemos começar com uma história sobre os experimentos realizados por ele, lançando objetos do alto da torre de Pisa para medir a velocidade de queda. Depois vamos para os modelos matemáticos e em seguida para as aplicações em nosso cotidiano, e assim sucessivamente. Essa abordagem, também aplicada no pensamento crítico, nos ajuda no processo de aquisição e consolidação, mas depois nossa mente irá descartar os detalhes irrelevantes e registrar somente as ideias centrais da teoria da gravitação.

Também vale ressaltar que um conhecimento é consolidado e fixado em nossa mente quando o resgatamos com frequência. Nesse processo, além de relembrar as informações, precisamos tentar associá-las com novos conhecimentos, descobrir novas aplicações, ressignificá-lo fazendo perguntas que desafiem o senso comum e nosso atual entendimento. Essa ação de resgatar o conhecimento a fim de consolidá-lo não é algo pontual, mas deve ser feito dias, semanas e meses depois do momento da aquisição. Na pedagogia esse processo é conhecido como aprendizado ativo: ele começa nas salas de aulas e continua por muito tempo depois.

Curso de mestrado

Voltando à história do meu mestrado, a consolidação do meu tema aconteceu no decorrer de alguns meses de estudo. Começou com a leitura dos artigos de referência que selecionei. Damos início ao processo de consolidação ao fazermos a leitura crítica de um texto.

O processo de consolidação continua por meio de nossas anotações, seja por meio do método Cornell, de mapas mentais ou de mapas conceituais. As informações que colocamos em nossas notas é a nossa versão das informações que consideramos mais relevantes, incluindo os detalhes e exemplos pertinentes, que funcionarão como âncora para lembrança. Ao escrever nossas anotações fazemos um esforço de síntese, o que melhora nossa capacidade de consolidação do conhecimento. Minhas anotações foram muito úteis em vários momentos: durante os experimentos que tive que realizar, ao escrever o texto da pesquisa, ao escrever meus artigos e ao preparar a apresentação da minha defesa.

Pude coletar informações de vários artigos, juntá-las e organizá-las em grandes mapas mentais e mapas conceituais. Depois de construídos, os mapas mentais nos permitem agrupar e reagrupar informações, identificar novas associações, descobrir novos significados, tirar conclusões, dentre outras ações. Este é o processo de consolidação do conhecimento.

Um trabalho de pesquisa científica usa como referência conhecimentos prévios. No texto final da minha pesquisa foi necessário incluir uma síntese desses trabalhos. Como o texto final deve ser curto e conciso, há um esforço de entendimento para que somente as ideias principais sejam registradas. O esforço de reconstrução do texto original com nossas próprias palavras também é um esforço de consolidação do conhecimento.

Desde o início da minha pesquisa um dos recursos que mais utilizei foram os desenhos de ideias, tanto para adquirir novos conhecimentos (por meio dos artigos que estudei) como para compartilhar minhas ideias com meu orientador e outros colegas pesquisadores. Os desenhos permitem que utilizemos nossa imaginação com maior intensidade. Quando imaginamos, vemos coisas que não estão fisicamente presentes nas fontes coletadas – nós as vemos com os olhos da mente. Nesse processo traduzimos os dados coletados no mundo real (conhecimento adquirido) para coisas abstratas que podemos manipular em nossas mentes. Por exemplo, antes de começar a escrever o texto final da minha pesquisa, usei alguns desenhos para tentar convencer meu orientador de que tinha definido um bom tema, sobre o qual valeria a pena escrever. Eu fiz o seguinte desenho para explicar como funcionaria o robô para geração de software que eu havia proposto.

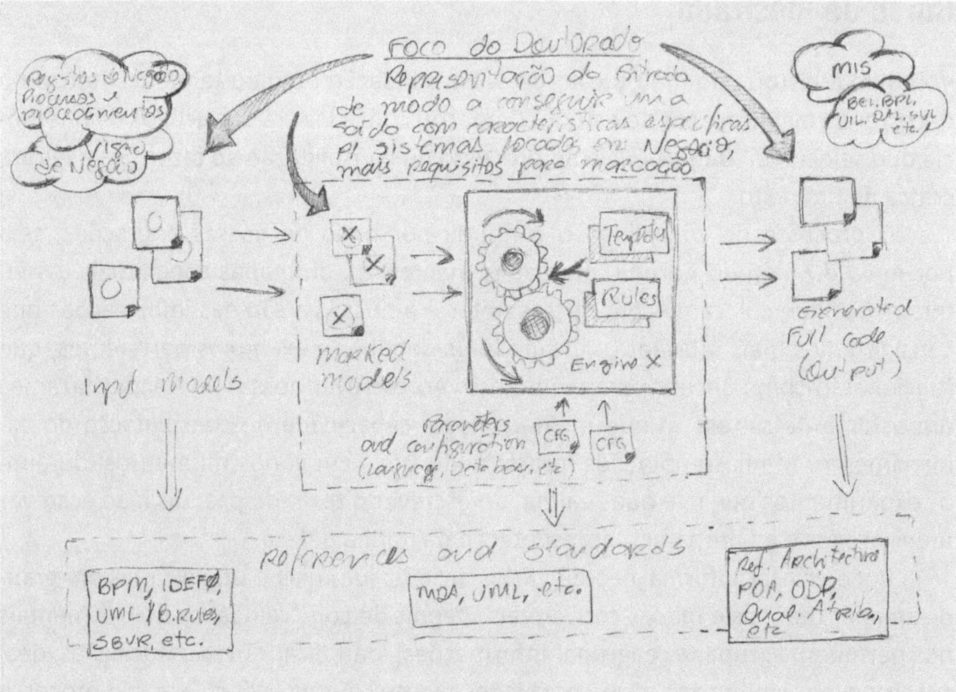

Figura 1.5. Proposta para o projeto de mestrado.

A redação do texto da pesquisa, tanto dos assuntos sintetizados como daqueles de minha autoria, também foram um meio de consolidação dos conhecimentos previamente levantados. Precisamos adotar uma estratégia para organizar nossas ideias, pensamentos, argumentos, etc. A seleção da melhor estratégia para cada caso específico já é, por si só, parte do processo de consolidação.

Além disso, precisamos desenvolver a argumentação que usaremos no texto para demonstrar e defender nossos pontos de vista. Nesta etapa o pensamento crítico proporciona grandes benefícios. Por meio dele vamos avaliar a robustez, coerência e qualidade do nosso próprio raciocínio. Essa ferramenta nos dá uma lista de checagem para avaliarmos: qual é nosso objetivo, nossos pontos de vista, o conjunto de informações e premissas que usamos como defesa da nossa tese, nossas inferências e suas implicações. Também, por meio do pensamento crítico, podemos avaliar a qualidade do texto: clareza, veracidade, precisão, dentre outros aspectos.

Depois da redação da pesquisa vem a defesa – a última etapa do projeto –, que definirá se estamos aptos para recebermos o título de Mestre. A defesa consiste de uma apresentação oral, com vinte minutos de duração, para uma plateia que é composta pela "banca de defesa". Essa banca é formada por quatro professores doutores com especialização no tema da pesquisa. Após a apresentação, a banca tem quarenta minutos para fazer questionamentos a fim de avaliar o resultado obtido e a contribuição científica que o trabalho trará para a sociedade.

Nesse momento precisamos estar muito bem preparados, não há segunda chance. Se formos reprovados, todo o esforço será em vão. Assim sendo, a preparação talvez seja mais importante que a apresentação propriamente dita. Antes da apresentação precisamos nos preparar com argumentos, histórias, desenhos e estratégias que usaremos para demonstrar conceitos e nossos pontos de vista. O planejamento de uma apresentação resulta na consolidação do conhecimento estudado, que será apresentado.

1.4 Compartilhamento de conhecimento

O terceiro passo no uso da caixa de ferramentas proposta neste livro é o compartilhamento do conhecimento consolidado. Esse é o momento da verdade, quando aplicamos esse conhecimento na vida cotidiana ou o dividimos com outras pessoas. Teremos sucesso somente se esse conhecimento for devidamente absorvido pela nossa plateia, leitores e interlocutores. O compartilhamento pode ocorrer de diferentes maneiras: por meio de aulas, textos escritos, desenhos e por meio do resultado da aplicação desse conhecimento.

Antes de compartilharmos algo precisamos definir com clareza qual objetivo estamos buscando com essa comunicação. Quanto mais tangível for o diagnóstico, melhor será o resultado, já que informações muito vagas podem nos distanciar do objetivo que buscamos. Dentre outras, [GALVÃO] sugere o seguinte conjunto de perguntas que deveríamos fazer ao refletir sobre essa questão:

- Em que contexto será feita essa comunicação?
- Quem será a audiência?
- Quais são as necessidades principais e os objetivos da audiência?
- O que ela deseja para sua vida e quais obstáculos existem?
- Qual será o tema tratado?
- O que se pretende mostrar para a plateia, para que ela nos veja como um aliado?
- Como emissor da mensagem, quais são nossos pontos fortes e fracos?

Por que isso é importante? Segundo [GALVÃO], o cérebro humano é dividido em três camadas: cérebro reptiliano, cérebro mediano e neocórtex. O cérebro reptiliano é responsável pelas respostas instintivas e imediatas, associadas a emoções fortes e básicas para sobrevivência: respostas do tipo "fuja" ou "lute". Essa camada do nosso cérebro não tem capacidade analítica e sua principal função é nos orientar em situações de perigo. O cérebro mediano tem como função identificar o significado das coisas e promover o senso de relação social. Depois que reagimos, buscamos pelo sentido, refletimos sobre o evento ocorrido. O neocortéx, por sua vez, é responsável pelo pensamento lógico. Toda e qualquer informação ou mensagem chega ao neocórtex somente depois de cruzar o cérebro reptiliano e o cérebro mediano. Isso significa que toda mensagem primeiro afeta nossa intuição e só depois chega ao cérebro lógico. Quando compartilhamos conhecimento com outras pessoas, por meio escrito, falado ou visual, precisamos estar cientes do fato de que cada um de nós vai assimilar essas informações de forma diferente.

As informações chegam até nós por meio de nossos sentidos (visão, audição, tato, olfato e paladar). Depois a mensagem recebida passa por filtros perceptivos, que variam de pessoa para pessoa. Esses filtros são formados durante nossa história de vida, à medida que acumulamos experiência: cultura, influências sociais, educação, valores, objetivos de vida, interesses, etc. Depois de filtrada, a mensagem é consolidada e, se nos sensibilizar, será acrescentada ao nosso repertório intelectual. É por isso que pessoas diferentes podem atribuir diferentes significados a uma mesma situação. Por exemplo, em uma empresa, uma dificuldade técnica de um cliente pode ser encarada por um funcionário como um problema, mas outro pode enxergar uma oportunidade na mesma situação.

Segundo [GALVÃO], o cérebro reptiliano só se apega às informações que são excitantes. Quando julga a informação desinteressante, pode ignorá-la, impedindo que chegue às outras camadas de nosso cérebro. Sendo assim, as informações com conteúdo excessivamente técnico e lógico podem ser filtradas pelo cérebro reptiliano. Para que a informação cruze todas as camadas e chegue ao neocórtex precisamos primeiro falar com o cérebro reptiliano trazendo algo novo, sucinto e descomplicado. Como podemos preparar nossa comunicação para conseguir esse resultado?

Antes de prepararmos uma mensagem para ser compartilhada, precisamos mapear nossos interlocutores (plateia, leitores, etc.). Isso é feito compreendendo suas principais características, descobrindo o que é mais relevante para eles no contexto abordado, seus valores, dentre outros aspectos, canais de comunicação mais eficientes (visual, falado, etc.). Dessa forma podemos preparar uma estratégia que seja capaz de levar nossa mensagem e obter o resultado que esperamos. Isso inclui a seleção das ferramentas mais adequadas para cada caso: livros, textos escritos, desenhos, apresentações, etc.

Curso de mestrado

No meu mestrado tive que utilizar as ferramentas de compartilhamento de conhecimento em dois momentos importantes: no desenvolvimento do trabalho escrito (artigos e dissertação) e na apresentação da defesa. No desenvolvimento do trabalho escrito utilizei vários mecanismos: sínteses dos trabalhos associados, redação do texto do meu projeto e desenhos para ilustrar minhas hipóteses e conclusões. Na defesa, a principal ferramenta de compartilhamento foi a apresentação oral. Os membros da banca de defesa estavam lá para testar a relevância da minha pesquisa, os resultados obtidos e minha linha de raciocínio (desde o problema observado até a solução proposta). Como sabia que poderia ser questionado em cada detalhe, tive que desenvolver bons argumentos para sustentar meu ponto de vista – argumentos com premissas e conclusões coerentes. No momento da apresentação também usei outros recursos de compartilhamento, como desenho de ideias, mapas conceituais e mapas mentais.

O uso dessas ferramentas para aquisição, consolidação e compartilhamento de conhecimento foi vital para o meu sucesso no curso de mestrado. O uso combinado dessas ferramentas pode maximizar nossas chances de sucesso em vários contextos: na vida acadêmica, na vida profissional, quando precisamos assumir um papel de liderança, resolver um problema, etc.

1.5 Resumindo

Nos demais capítulos deste livro será detalhado como cada ferramenta nos ajuda a desenvolver habilidades para adquirir, consolidar e compartilhar novos conhecimentos. Elas podem ser úteis em várias situações, por exemplo:

- **Preparação de aulas**: são úteis para estudarmos o material de referência, para sintetizar a informação e preparar o material a ser apresentado em sala de aula.
- **Dissertação ou TCC**: podem nos ajudar na leitura das referências bibliográficas, na construção de argumentos, na redação da dissertação, na preparação e apresentação da defesa.
- **Aprender sobre novos produtos**: em nossa vida profissional pode ser necessário aprender novas tecnologias e produtos, e essas técnicas podem ser muito úteis para acelerar esse aprendizado.
- **Vender produtos e ideias**: em nossa profissão pode ser que tenhamos que vender produtos, serviços e ideias para clientes internos ou externos. Essas

ferramentas são úteis para apresentarmos os problemas observados, alternativas de solução, respectivas vantagens e benefícios, resultados esperados, dentre outros aspectos importantes.

- **Crescimento espiritual**: o crescimento também vem por meio da leitura da palavra sagrada. Nesse contexto, a leitura crítica, o entendimento e o aprendizado são vitais para o sucesso de nossa empreitada.

Para ter sucesso nos estudos é necessário mais que inteligência – precisamos desenvolver bons hábitos de estudo. Precisamos aprender técnicas adequadas de aquisição, consolidação e compartilhamento de conhecimento e também precisamos desenvolver disciplina para aplicá-las de forma consistente. Contudo, a maioria das pessoas não nasce com predisposição para ter disciplina, precisamos conquistá-la. Essa disciplina é um conjunto de hábitos a serem adquiridos, semelhante ao treinamento de condicionamento físico que fazemos na academia – a cada dia melhoramos um pouco, mas é necessário continuidade e persistência.

Segundo Pasteur, "o acaso favorece as mentes preparadas".

2
Leitura de Livros, Marcações e Anotações

Ferramenta proposta por Mortimer Adler para nos ajudar a ler livros e outros textos de forma muito mais eficiente. Vamos aprender: como dissecar a estrutura de um livro antes de lê-lo na íntegra, como validar o conhecimento apresentado, como fazer marcações e anotações para uso posterior. Essa ferramenta é útil tanto no processo de aquisição como no de consolidação do conhecimento.

Este capítulo foi baseado no livro "Como ler livros", publicado em 1940 pelo professor Mortimer [ADLER], umas das principais referências sobre técnicas de leitura de livros. Esse livro é recordista de vendas até os dias de hoje. Os livros contêm conhecimentos acumulados ao longo da história e representam grande parte do conhecimento que adquirimos. Segundo [CASTRO], "ler livros é como aprender com um professor que não está presente".

Os livros são ferramentas importantes para nosso crescimento intelectual e espiritual, e também para diversão. Para tirarmos o melhor de um livro precisamos estar preparados para lê-lo da forma mais eficiente possível. Segundo [PACHÓN], para avaliar se nosso método de leitura está trazendo bons resultados, podemos nos fazer as seguintes perguntas:

1. Consigo ler tudo o que preciso no meu trabalho, na minha escola e para recreação?
2. Consigo me concentrar quando leio?
3. Consigo compreender o que leio?
4. Consigo recordar o conteúdo lido, de modo que consiga falar com propriedade sobre ele?
5. Consigo aprender o suficiente para aplicar na prática as lições aprendidas por meio da leitura?

Essas são apenas algumas das perguntas que podem nos ajudar a avaliar a qualidade da nossa leitura. De modo geral, a qualidade de leitura das pessoas é ruim. As escolas não nos ensinam a ler com propriedade, nem no ensino médio, nem na universidade. Conforme [ADLER], ler é um processo complexo que envolve várias áreas de nossa capacidade intelectual.

Em primeiro lugar vem a capacidade visual, para ver a imagem das palavras impressas com amplitude, ritmo e velocidade. Quanto maior a amplitude maior a quantidade de palavras que conseguimos ler a cada golpe de vista. O ritmo está associado a ler em uma velocidade constante, sem regressar para ler palavras anteriores.

Depois vem a capacidade de compreender – palavras, orações, parágrafos, capítulos, etc. – e interpretar o que foi lido. Por meio da interpretação podemos descobrir qual é a mensagem transmitida pelo autor. A interpretação depende do repertório intelectual de cada leitor, acumulado ao longo da vida. Resumindo, compreender é descobrir a mensagem transmitida pelo autor e interpretar é descobrir o seu significado.

Para tirar melhor proveito de um livro precisamos aprender a "leitura ativa". Nessa forma de leitura nos colocamos na posição de crítico, fazemos perguntas como: a lógica está correta? As evidências comprovam as teses apresentadas? As ideias apresentadas são consistentes com a experiência de vida do autor? Quando praticamos a leitura ativa precisamos colocar muita atenção e fazer um grande esforço de pensamento, pois realizamos um diálogo imaginário com o autor.

Durante a leitura vamos buscar pelas respostas no texto, à medida que lemos. Ao encontrá-las, devemos julgar se concordamos com elas. Também devemos tentar relacionar o que foi dito com outras fontes para buscar a validade da mensagem.

Podemos perguntar: o quê? Quem? Onde? Quando? Como? Por quê? Para ler com uma atitude questionadora (praticar a leitura ativa), podemos converter cada título em várias perguntas e buscar pelas respostas durante a leitura. Por exemplo, se o título do capítulo for "Solution Selling – um novo método de vendas", podemos elaborar perguntas como: o que é Solution Selling? Quem criou este método? Onde foi criado? Quando foi desenvolvido? Como funciona? Por que é importante? De que consiste um método de vendas? O que é um método?

À medida que identificamos as respostas, podemos formular críticas ao texto. Por exemplo, podemos criticar a exatidão, a atualidade, a importância, a aplicabilidade e a clareza da mensagem. Também podemos criticar a organização e o estilo do autor.

Quando fazemos perguntas e críticas às respostas que encontramos, enriquecemos nosso repertório de conhecimento. Podemos dizer que a leitura teve sucesso quando conseguimos criar outros significados e novos conhecimentos por meio do questionamento.

Segundo [PACHÓN] e [ADLER], os livros podem ser classificados em duas categorias: técnicos e recreativos. Os livros técnicos apresentam ou ensinam algum conhecimento em áreas como ciências, filosofia, etc. Os livros recreativos se destinam ao entretenimento, como novelas, biografias, ficção, etc. Como os livros técnicos são aqueles destinados à aquisição de conhecimento profissional e acadêmico, vamos focar neles.

2.1 Como ler um livro técnico

Segundo [JENNINGS], há uma escola de pensamento que recomenda ler um livro três vezes, por completo, sendo cada leitura com um propósito diferente. Em [ADLER] e em [PACHÓN], também é sugerida uma abordagem similar, composta de três tipos de leitura, com níveis de profundidade cada vez maiores.

A primeira leitura é a pré-leitura, quando buscamos "fazer amizade" com o livro e identificar qual é o propósito do autor e suas conclusões. Nesta etapa vamos passear pelas páginas do livro para ter uma ideia de como ele está estruturado e qual é o fluxo de informações que o autor adotou. Nesse momento podemos fazer anotações sobre passagens-chave que usaremos na próxima leitura.

A segunda é a leitura analítica, para conseguirmos compreender e absorver as informações expostas pelo autor. Vamos ler os capítulos e itens selecionados na fase de pré-leitura. Durante a leitura analítica podemos fazer marcações no texto, conforme descrito mais adiante, para nos auxiliar na próxima leitura e na elaboração de uma síntese.

A terceira e última leitura é a crítica, que tem como objetivo a fixação dos pontos-chave em nossa memória. Nesta etapa vamos confrontar o conteúdo do livro com o conhecimento existente no mundo intelectual no qual este livro está inserido.

Em um livro técnico a leitura não precisa ser linear. Considerando nossa necessidade, podemos definir previamente uma estratégia de leitura para definir que partes do livro devem ser lidas e qual seria a melhor sequência.

Um livro bem escrito possui uma espinha dorsal, uma ideia central apoiada por outras que a sustentam. Cada ideia é apoiada por argumentos, exemplos, analogias, figuras, dentre outros recursos. Por exemplo, o livro "Origem das espécies", de Charles Darwin, apresenta como ideia central a hipótese de que os indivíduos de cada espécie sofrem mutações dando origem a novas espécies. Para defender sua hipótese, o autor apresenta argumentos baseados nas diferenças e semelhanças observadas entre diferentes espécies de seres vivos.

Quando lemos um livro e não conseguimos identificar quais são os temas centrais, então provavelmente esse livro não passa de um amontoado de ideias, fatos e informações desconectadas.

No processo de leitura, segundo [ADLER], o livro deve ser "conquistado" em três etapas:

- **Pré-leitura:** inspecionar o material, decidir se vale apena lê-lo, quais partes devem ser lidas e em que sequência.
- **Leitura analítica:** ler todas as partes (capítulos, itens, anexos, etc.) selecionadas.
- **Leitura crítica:** comparar as informações lidas com referências (livros, artigos, etc.) de outros autores e avaliar sua originalidade, validade dos argumentos, pertinência, coerência, exatidão, dentre outros aspectos.

Definição de objetivos

Antes de iniciar a leitura é importante fixarmos objetivos claros, ou seja, decidir o que queremos aprender, encontrar ou extrair do texto. Saber o que estamos buscando prepara nosso cérebro para reconhecer a informação quando cruzarmos com ela. Podemos nos preparar formulando perguntas associadas ao nosso objetivo. Seguem alguns exemplos de objetivos que nos levam a ler um livro técnico:

- Conhecer os problemas abordados pelo autor.
- Descobrir soluções para um tipo de problema.
- Encontrar métodos e sugestões para ação.
- Formar uma opinião.
- Fazer uma crítica do livro.
- Compará-lo com outro livro.
- Obter informações sobre um tema.
- Conhecer o autor.

A técnica de fazer perguntas permite gerar curiosidade, interesse e estímulo para buscarmos por respostas. O uso de perguntas também nos ajuda a nos concentrarmos melhor na busca das respostas ([PACHÓN]). Os títulos e subtítulos são as grandes fontes de perguntas – devemos converter cada título em uma ou mais perguntas.

Em [ADLER] essa abordagem é chamada de leitura ativa. Ele sugere três tipos de perguntas centrais que devemos fazer antes de iniciarmos a leitura de um livro:

- **Sobre o que é o livro?** Esta pergunta diz respeito ao tema central, assim como à maneira como o autor organizou a informação em capítulos e itens.
- **Como o autor desenvolveu suas ideias?** Devemos tentar descobrir quais são os principais pontos e argumentos do autor.

- **As ideias do autor são verdadeiras ou falsas?** Precisamos julgar se o que está sendo dito pelo autor é verdadeiro ou não.

Pré-leitura

A pré-leitura normalmente não demora muito, varia em função do tamanho e da complexidade do livro. Como resultado, teremos uma boa ideia sobre o conteúdo e a organização do livro e sobre quais partes precisamos ler para atingir nossos objetivos.

Segundo [PACHÓN] e [ADLER], antes de iniciar a leitura, nossos objetivos precisam estar claros. Precisamos ter uma resposta para a pergunta: "o que buscamos obter com a leitura deste livro?".

O primeiro passo para respondermos a esta pergunta é através da pré-leitura. Ela nos permite ganhar uma visão geral do seu conteúdo e do propósito do autor. Por meio da pré-leitura, que [ADLER] também chama de "leitura inspecional", descobriremos se vale a pena ler o livro e, em caso afirmativo, quais partes podem ser descartadas. Depois da pré-leitura poderemos definir a estratégia de leitura a ser adotada, já que o livro deve ser lido em unidades: capítulos, itens e parágrafos. Devemos buscar conhecer o todo antes das partes.

Conforme descrito por [ADLER], um livro é como uma casa, organizado em partes conectadas entre si. Cada parte possui uma função específica e está conectada com as demais, mantendo uma relação funcional umas com as outras. Da mesma forma que algumas casas são mais habitáveis do que outras, alguns livros também são mais "legíveis" do que outros. Bons autores são como bons arquitetos, definem e organizam muito bem cada parte do livro. Se nosso objetivo for escrever um livro, teremos que planejar sua estrutura de modo que possa ser lido, entendido e compreendido da forma mais fácil e rápida possível pelos leitores. Ver capítulo "Relatórios, Resumos e Redações" para maiores detalhes.

Por meio da pré-leitura vamos conhecer o esquema geral do livro e como suas partes estão estruturadas.

Tabela 2.1. Partes do livro e foco da pré-leitura.

Parte do livro	O que buscar
Capa e título	Trata-se da parte externa do livro. Permite capturar a mensagem expressa pelo autor através do título, que é a ideia central ou tema do livro. Podemos formular muitas perguntas com base no título para tentar estabelecer nossos objetivos de leitura.

Tabela 2.1. Partes do livro e foco da pré-leitura.

<table>
<tr><th>Parte do livro</th><th>O que buscar</th></tr>
<tr><td>Autor</td><td>Podemos escolher que obras ler com base na reputação do autor, na relevância da sua experiência no assunto e nas posições assumidas por ele. Pode ser importante conhecer onde estudou, onde publicou, o que o influenciou, que reconhecimentos obteve da comunidade (acadêmica, científica, profissional, etc.), dentre outros aspectos da sua vida. Com base nessas informações, poderemos responder a perguntas como as sugeridas por [CASTRO]:
• Que confiança merece o autor?
• Quais são suas qualificações técnicas sobre o assunto em pauta?
• Que prestígio tem a publicação?
• Existem divergências de posição entre o autor e outros autores respeitados sobre o assunto em pauta?</td></tr>
<tr><td>Contracapa, sobrecapa e orelhas</td><td>Normalmente mostram:
• Comentários sobre o livro.
• Dados sobre o autor – devemos buscar informações como nacionalidade, a época em que viveu, experiência sobre o tema abordado, que autoridade tem para escrever, outras obras, etc.
• Resumo ou resenha do livro.
• Opiniões de especialistas, comentaristas e pessoas de influência no ramo.</td></tr>
<tr><td>Folha de rosto e página de copyright</td><td>Folha de rosto:
• Título, subtítulo, autor, editora e edição.

Página de copyright:
• Data de publicação, que indica a atualidade do livro. Esta pode nos dar uma pista sobre a validade da informação (se é muito antiga, estado da arte, etc.)
• Título original, quando o livro em questão for uma tradução. Neste caso precisamos verificar se a tradução está adequada.
• Número da edição, indicando grande aceitação quando há muitas.</td></tr>
<tr><td>Sumário</td><td>Esta parte do livro é como um mapa. Um bom sumário mostra a espinha dorsal do livro. Aqui o autor:
• Mostra a estrutura da divisão das partes primárias e secundárias do livro.
• Apresenta um panorama geral da obra, os assuntos abordados e como estão organizados.
• Facilita a decisão sobre em que ordem o livro deve ser lido.

Devemos fazer uma inspeção reflexiva sobre o sumário. Isso é feito identificando os temas centrais e observando a relação entre as partes. Também é importante observar a quantidade de páginas dedicada a cada tema (por capítulo e subcapítulo), pois isso sugere a importância que o autor deu a cada assunto. Finalmente, precisamos planejar o que ler e em que ordem.</td></tr>
</table>

Tabela 2.1. Partes do livro e foco da pré-leitura.

Parte do livro	O que buscar
Introdução, prefácio e prólogo	Aqui o autor apresenta informações importantes que nos ajudam a compreender e avaliar o livro: • Plano geral do livro. • Objetivos a que o autor se propôs. • Motivos que levaram o autor a escrever o livro. • Critérios ou premissas que o autor assumiu. • Como o autor sugere que o livro seja lido (sequência, organização, etc.). • Tema geral. • Público-alvo.
Epílogo	Apresenta um resumo ou síntese do conteúdo do livro. Este texto nos ajuda a reforçar os conceitos estudados, pois geralmente trata-se de uma revisão.
Glossário	Indica o vocabulário técnico especializado, que é importante para uma leitura "inteligente" e para a compreensão do texto.
Bibliografia	Nesta seção do livro o autor indica a lista de materiais consultados como fontes de informação: livros, revistas, informes, artigos, websites, etc. Devemos analisar a bibliografia e fazer perguntas como: que obras conheço? Que autores conheço? Que obras são complementos a este livro? Quando essas obras foram publicadas? Estão obsoletas? Quando temos familiaridade com o assunto, podemos conhecer os autores citados nas referências. Quando o autor cita obras duvidosas ou de pouca relevância, podemos concluir que as bases teóricas são fracas.
Índice remissivo	Serve para releitura, para leitura seletiva e para buscarmos informação sobre um tema particular. Deve ser consultado no início e no final da leitura do livro.
Apêndices	São usados para o desenvolvimento de um tema curto. Ao lê-los devemos fazer perguntas como: que tema aborda? Como está relacionado com o conteúdo do livro? Qual a sua finalidade?

Outros aspectos que devem ser analisados:

- **Ilustrações:** são usadas para comunicar informação relevante e tornam o conteúdo do livro mais rico. Livros com ilustrações normalmente são mais fáceis de entender.
- **Diagramação e tipos de letra ou fonte:** indicam como o autor vai enfatizar conceitos e mensagens que julgar relevantes.
- **Resumos:** normalmente estão no início ou no final de cada capítulo e apresentam as mensagens principais discutidas no capítulo. Algumas vezes os autores incluem pequenos resumos no início ou no final de cada capítulo que podem nos ajudar na compreensão da mensagem que quer ser passada.

- **Tamanho dos parágrafos:** os curtos são mais fáceis de entender que os mais longos.
- **Notas:** verificar se existem e como estão organizadas, pois elas complementam a informação apresentada com detalhes adicionais.

O conhecimento de alto nível da estrutura do livro nos dará uma imagem geral da forma como o autor abordou o tema antes de começarmos a ler com empenho.

Conforme [ADLER], podemos examinar os capítulos que nos pareçam centrais ao argumento do autor, mesmo que nosso conhecimento sobre o livro ainda seja superficial. O conhecimento da estrutura de um livro também pode nos ajudar no planejamento da atividade de leitura. Segundo [PACHÓN], para obtermos um melhor resultado devemos estabelecer nossas metas de leitura não em quantidade de páginas, mas em unidades estruturais. Por exemplo, podemos ler um capítulo por dia.

Um exemplo prático – Análise de um livro

O livro "The New Solution Selling" é a principal referência sobre a técnica de vendas de soluções personalizadas e serviços consultivos.

Após uma análise inicial do conteúdo do livro (capa, sumário, epílogo, etc.) e da pré-leitura, podemos coletar as informações descritas no quadro seguinte. É possível concluir que o livro vale a pena ser lido se o objetivo for aprender o que é o *Solution Selling* e como ele pode ser aplicado em uma empresa. O autor Keith M. Eades goza de grande reputação, o que pode ser verificado por uma pesquisa rápida na internet. Um ponto negativo do livro é a falta das referências bibliográficas. Segue a análise de cada parte do livro, realizada na pré-leitura.

Tabela 2.2. Exemplo de análise de um livro.

Parte do livro	O que buscar
Título	*The New Solution Selling: the revolutionary sales process that is changing the way people sell.* Uma tradução livre seria: "O Novo Solution Selling: um processo de vendas revolucionário que está mudando a forma como as pessoas vendem".
Autor	Keith M. Eades fundou a Sales Performance International (SPI) and Solution Selling, Inc. em 1988. Atualmente é presidente da empresa e, junto com seus colaboradores, já treinaram mais de quinhentos mil profissionais da área comercial (vendedores e gestores) nos princípios do *Solution Selling*. Dentre os seus clientes estão IBM, Microsoft, AT&T e Bank of America. No Brasil existem alguns representantes da SPI que dão treinamento e consultoria para implementação desse método de vendas. A SPI existe há mais de trinta anos, com resultados sólidos e boa reputação.

Tabela 2.2. Exemplo de análise de um livro.

Parte do livro	O que buscar
Capa	Seguem algumas perguntas que poderíamos fazer com base na capa: • O que é venda de soluções (*Solution Selling*)? • Em que aspecto esse processo é novo? Como era o anterior? • Por que esse processo é revolucionário? • Como as pessoas vendem? Como passariam a vender após adotar o *Solution Selling*? • Como é o processo de vendas do *Solution Selling*?
Contracapa, sobrecapa e orelhas	Não existem na versão eletrônica, que foi utilizada como referência nessa análise.
Folha de rosto e página de *copyright*	Publicado em 2004 pela editora McGraw-Hill. Foi reeditado várias vezes e ainda está entre os mais vendidos. Isso demonstra grande maturidade da abordagem proposta e aceitação pelo público.
Sumário	1. Conceitos básicos e processo de vendas 2. Como desenvolver novas oportunidades (oportunidades criadas por nós), diagnosticando a "dor" dos clientes e receitando um "remédio" 3. Como atuar em oportunidades ativas (quando não somos o primeiro a chegar), por meio da reengenharia da visão do cliente 4. Estratégias de qualificação, controle e fechamento de oportunidades 5. Gerenciamento do processo de vendas
Introdução, prefácio e prólogo	De acordo com o prefácio, este livro descreve como criar e sustentar uma cultura de vendas de alto desempenho. No livro está descrito como os vendedores de alto desempenho trabalham para proporcionar benefícios para eles, suas empresas e seus clientes. A proposta desse livro é: • Mostrar o processo de vendas do *Solution Selling*. • Descrever ferramentas de vendas. • Ensinar como fazer o planejamento de contas. • Ensinar como prover valor para os clientes por meio da venda. • Descrever ferramentas para gerenciamento de oportunidades. • Apresentar um processo de gestão comercial. O livro está organizado em cinco partes (conforme sumário) com figuras e exemplos para ilustrar as ideias apresentadas.
Epílogo	Apenas apresenta os benefícios de alguns dos clientes da SPI que adotaram o *Solution Selling*.
Glossário	Não tem.
Bibliografia	Não tem.
Índice remissivo	Lista os principais conceitos da área de vendas e do *Solution Selling*.
Organização	Bem organizado, com fontes de fácil leitura e com muitas figuras, o que facilita a compreensão. A linguagem é de fácil entendimento e pode ser entendida por leitores sem experiência na área comercial. Os parágrafos são curtos e fáceis de ler, mas não há resumos no início ou no final dos capítulos.

Leitura analítica

A leitura analítica tem como objetivo a compreensão. Aqui vamos ler na íntegra todos os capítulos e itens selecionados na fase de pré-leitura. Vamos fazer uma leitura corrida, de forma linear. A maior parte do esforço de leitura será consumida nesta etapa. O objetivo é adquirir uma perspectiva muito mais profunda do conteúdo – de forma que poderemos não só recordar os pontos-chave, como também nos posicionarmos criticamente quanto ao material exposto.

Como ler um capítulo

Depois que entendemos a estrutura do livro por meio da pré-leitura, temos condição de selecionar com segurança os capítulos que vamos ler – todos ou apenas alguns – e em que sequência.

Antes de lermos um capítulo, também devemos fazer a sua pré-leitura, para que possamos ter um vislumbre do seu conteúdo e decidir que partes devemos ler, ou se devemos ler o capítulo inteiro. O método de pré-leitura indicado em [PACHÓN] chama-se "leitura seletiva". O objetivo é buscar informações sobre: tema central do capítulo, aspecto do tema desenvolvido pelo autor, divisões do tema e conclusões gerais.

A leitura seletiva nos ajuda a conhecer o conteúdo e a estrutura de um capítulo, de modo que possamos definir nossos objetivos para leitura. Na leitura seletiva lemos apenas algumas partes do texto, como descrito na tabela seguinte. Ao final, voltamos e lemos integralmente as partes que nos interessarem.

Tabela 2.3. Partes do livro e foco da leitura analítica.

Parte	Foco
Ler o título	O título anuncia o tema central do capítulo. Antes de iniciar a leitura de um capítulo devemos preparar um conjunto de perguntas que esperamos que sejam respondidas pelo autor. Elabore-as a partir do título, que indica o propósito do autor. Por exemplo, se o título for "Tenha um plano", poderíamos fazer as seguintes perguntas: • Como preparar um plano? • Quais são os elementos de um plano? • Como se estrutura um plano? • Existem modelos padrão para um plano? • O autor mostra exemplos de planos? • Por que preparar um plano é importante?
Ler os subtítulos	Eles indicam como o autor dividiu o tema. Devemos converter o título de cada item em uma ou mais perguntas, da mesma forma que fizemos com o título do capítulo.

Tabela 2.3. Partes do livro e foco da leitura analítica.

Parte	Foco
Ler o primeiro parágrafo do capítulo	Neste parágrafo normalmente o autor indica que aspecto do tema central ele irá abordar. Caso o conteúdo deste parágrafo seja irrelevante (uma história ou exemplo), ele deve ser descartado, seguindo para o próximo.
Ler somente a primeira frase dos parágrafos seguintes	Esta normalmente indica o objetivo estabelecido pelo autor para cada parágrafo.
Ler o último parágrafo completo do capítulo	Neste parágrafo o autor apresenta as suas conclusões e uma síntese do que foi abordado no capítulo. Geralmente o autor usa expressões como "finalmente", "concluindo", "resumindo", dentre outras, para começar o parágrafo.

A leitura seletiva nos permite obter uma informação geral e decidir se precisamos ou não ler o capítulo inteiro. Ao ler, vamos esquadrinhar o texto em busca das respostas para as perguntas formuladas inicialmente (com base nos títulos do capítulo e dos itens). Devemos fazer perguntas e formular hipóteses à medida que formos lendo. Precisamos confrontar o autor, perguntar "por quê?" e "como?", procurar identificar debilidades, como omissões e falhas de argumentação, que possam indicar uma conclusão errônea. Imagine que você está em um debate com o autor; dessa forma, você desenvolverá uma compreensão maior do texto.

Dois capítulos, quando existentes, são especialmente importantes: a introdução e a conclusão. Na introdução o autor apresenta sua linha de pensamento, funciona como um guia para mostrar o conteúdo do livro. No capítulo de conclusão o autor mostra os pontos mais importantes, as lacunas e as implicações que seus achados têm para o conhecimento.

Como ler um parágrafo

Cada subcapítulo está dividido em unidades menores, chamadas de parágrafos. Cada parágrafo, independentemente da quantidade de frases, corresponde a uma unidade de pensamento. Em [PACHÓN], recomenda-se a seguinte abordagem ao ler um parágrafo:

1. **Observar o vocabulário:** se necessário, consultar o dicionário ou glossário.
2. **Buscar pelo tema central do parágrafo:** as palavras repetidas nos dão uma pista sobre a mensagem essencial. Geralmente o tema está expresso já na primeira frase do parágrafo.
3. **Fazer uma leitura telegráfica:** fixar-se nas palavras significativas e indispensáveis.

4. **Identificar a frase principal:** nesta frase o autor expressa o argumento ou ponto mais importante do seu pensamento. Normalmente é a primeira frase do parágrafo.
5. **Identificar a forma como o autor está desenvolvendo o tema:** por comparação ou contraste, por causa e efeito, reafirmação, exemplificação, linha do tempo, resumo, objeção, etc. Ver capítulo "Relatórios, Resumos e Redações" para maiores detalhes.

Leitura crítica

Normalmente é a fase mais difícil da leitura de um livro. Esta etapa é mais longa que a primeira leitura, mas muito mais curta que a segunda. Vamos voltar aos pontos-chave destacados por meio de marcações (ver detalhes mais adiante) para memorizar o conteúdo, para fazer anotações ou para desenvolver uma síntese do material (ver o capítulo "Relatórios, Resumos e Redações" para maiores detalhes sobre como desenvolver uma síntese).

A ferramenta do pensamento crítico é um excelente complemento para a ferramenta de leitura. Para praticarmos o pensamento crítico durante a leitura precisamos analisar com um propósito muito específico: aprender algo, obter uma informação, conhecer pontos de vista, etc. Ao praticar o pensamento crítico conseguiremos dissecar o pensamento do autor, avaliando as diversas dimensões do seu pensamento: estrutura, qualidade e valores. Para isso, enquanto lemos, devemos formular perguntas como:

- Qual é o propósito do autor (e meu propósito como leitor)?
- Qual é a pergunta-chave que ele busca responder no texto?
- Qual é a inferência ou raciocínio do autor?
- Que informações, premissas e conceitos ele considerou para embasar seu ponto de vista?
- Quais são as implicações e consequências que o autor considerou caso seu ponto de vista seja aceito?
- Qualidade do pensamento do autor: clareza, precisão, veracidade, profundidade, abrangência, etc.

Conclusão

Ao final de uma leitura bem-sucedida, deveríamos ter condições de expressar nosso entendimento quanto à unidade do livro em uma única frase, ou no máximo em algumas poucas frases. Ao explicar o conteúdo do livro para alguém, deveríamos ter condições de mostrar como as partes estão organizadas em relação ao todo e em relação umas às outras. Como exemplificado em [ADLER], deveríamos ter condições de dizer:

> *O livro como um todo é sobre isto e aquilo. O autor cumpre esse propósito em cinco partes; a primeira é sobre isto, a segunda sobre aquilo, a terceira sobre aquilo outro, a quarta sobre outra coisa e a quinta ainda outra coisa diferente; a primeira destas partes está dividida em cinco seções; a primeira considera X, a segunda Y e a terceira Z. Na primeira seção da primeira parte, o autor expressa quatro pontos; o primeiro é A, o segundo é B, o terceiro é C e o quarto é D. E assim sucessivamente...*

Uma boa maneira de fazer isso é por meio de um desenho que demonstre o mapa do livro, com suas partes e a organização hierárquica entre elas. Uma boa ferramenta para essa finalidade é o mapa mental.

Depois que entendemos o conteúdo do livro, deveríamos ter condições de descobrir quais foram as intenções do autor. O autor sempre começa um livro com uma ou mais perguntas em mente, e seu objetivo é dar as respostas através dele. Normalmente essas perguntas não estão explicitamente descritas, e temos a obrigação de formular questões para tentar entender os objetivos do autor. Como sugerido, podemos fazer isso transformando os títulos dos capítulos e subcapítulos em perguntas.

Ao escrever um livro o autor tem um objetivo em mente – por exemplo, instruir ou ensinar. O autor também pode ter como objetivo expressar um julgamento sobre alguma coisa – ele pode afirmar que algo é verdade ou então negar, afirmando que é falso. O autor teve sucesso se, ao final da leitura, pensarmos algo como: "aprendi algo novo, estou convencido de que isso é verdade...".

2.2 Como fazer marcações

Segundo [PACHÓN], outro recurso que nos permite conseguir maior entendimento do material lido é o uso de marcações no livro. Estas são realizadas por meio de sinais desenhados diretamente nas páginas do livro. As marcações podem nos ajudar a identificar:

- As orações principais – que apresentam a ideia central de cada parágrafo.
- Palavras ou expressões repetidas – guias para leitura.
- Partes nas quais encontramos as respostas para nossas perguntas e dúvidas.

- Partes difíceis de entender, duvidosas, com as quais pode ser que não concordemos.
- Relacionamentos e contrastes de ideias, que podem indicar contradições.

Cada leitor pode criar seu próprio método de marcação. [PACHÓN] e [ADLER] sugerem alguns sinais básicos. Trata-se de fazer um traço vertical ao lado das orações e indicar, por meio de uma letra, a razão da marcação, conforme descrito na tabela seguinte. Outro recurso consiste de sublinhar e circular palavras ou grupo de palavras. O uso de marcações pode facilitar as revisões, ressaltando o texto que for mais relevante.

Tabela 2.4. Sugestão de tipos de marcações.

Local	Finalidade
Na margem esquerda, marcar os trechos "ruins" por meio de um traço vertical	Ao lado do traço indicar: • Sinal "?" para trechos confusos ou duvidosos. • Sinal "X" para indicar trechos com ideias ultrapassadas, das quais discordamos.
Na margem direita, marcar os trechos "bons" por meio de um traço vertical	Ao lado do traço indicar: • Sinal "R" para o trecho que pretendemos resumir posteriormente. • Sinal "@" para indicar que desejamos consultar outra fonte sobre o assunto abordado. Ex.: @ livro XXX.
Marcações internas de partes dos parágrafos	Usado para marcar palavras ou grupos de palavras: • **Sublinhado:** ressaltar elementos importantes, como sujeitos e verbos. • **Elipses:** destacar palavras repetidas. • **Pontes e conexões:** destacar enumerações; destacar contrastes; destacar elementos associados.

2.3 Como fazer anotações

A finalidade básica de uma anotação é registrar o esqueleto das ideias mais importantes de um texto ou apresentação sem correr o risco de nos perdermos em detalhes desnecessários. As anotações devem ser suficientes para nos fazer lembrar dos pormenores, expandindo cada ponto na profundidade necessária.

Quando anotamos, não é possível escrever tudo que está sendo dito ou lido. Mesmo porque nossas mãos não operariam na mesma velocidade da fala do orador ou de nossa leitura. Precisamos aprender a selecionar as ideias centrais e os pontos mais relevantes para registrar nossas notas.

Enquanto ouvimos, mantemos um diálogo silencioso com o orador, como se estivéssemos constantemente fazendo perguntas: quais são as ideias centrais? O que é apenas detalhe? Como essas ideias estão conectadas? Quais exemplos anotar? Segundo [CASTRO], "anotar é um processo de seleção de ideias, fatos e ilustrações". O mesmo acontece quando lemos.

As informações que colocamos no papel é a nossa versão dos fatos, aquilo que consideramos mais relevante. Também podemos incluir detalhes e exemplos que nos permitirão reconstruir o assunto apresentado. Quanto mais amadurecemos intelectualmente, mais concisas e perfeitas serão nossas anotações.

Como enfatizado por [CASTRO], ao escrever nossas anotações, fazemos um esforço de síntese. Logo, quem anota está constantemente fazendo um esforço de captar os pontos mais relevantes daquilo que foi exposto, melhorando sua capacidade de consolidação do conhecimento. O ato de tomar notas ultrapassa muito a simples utilidade do registro para consulta futura – o esforço de anotar nos ajuda a aprender. Fazer anotações nos obriga a prestar atenção cuidadosamente e a testar o entendimento do assunto exposto.

Por isso, quando consultamos as anotações registradas por alguém temos muita dificuldade em adquirir dali um conhecimento novo. Isso ocorre porque nós aprendemos e consolidamos conhecimento por meio do ato de anotar (e não da leitura das anotações). Ler as notas de outras pessoas não terá o mesmo efeito. É o ato de sintetizar, por meio de crítica, seleção e reconstrução, que faz com que o aprendizado aconteça. Conforme [PACHÓN] e [ADLER], as anotações registradas durante a leitura são de grande utilidade para nos ajudar a entender melhor o assunto abordado e para fixá-lo em nossa memória. Costuma ser mais fácil guardar em nossa memória as nossas anotações (que são curtas e objetivas) que o conteúdo dos textos originais – mais difícil ainda pode ser memorizar as anotações registradas por outra pessoa.

Uma atividade com resultado equivalente ao registro de anotações durante uma apresentação (ou aula, ou qualquer outro tipo de discurso) é o ato de sublinhar um livro (ou artigo, ou qualquer outro texto), marcando os pontos mais importantes. Selecionar as ideias importantes em um livro corresponde à mesma operação intelectual de anotar as ideias mais importantes de um discurso.

Cada pessoa pode desenvolver suas próprias técnicas de anotação, não existem regras universais. Contudo, há métodos comprovadamente eficazes, como o Método Cornell, os mapas mentais e os desenhos de ideias. Seja qual for, por meio das anotações capturamos as ideias centrais, sua estrutura e também alguns detalhes e exemplos que mostram tais ideias em ação ou ilustradas.

Método Cornell

Existem muitas estratégias para tomada de notas, mas um dos métodos mais populares é conhecido como Método Cornell. Neste método utilizamos uma folha dividida em três partes, como mostrado na figura seguinte. À direita registramos as anotações (podemos usar textos, desenhos e outros recursos), à esquerda é a seção da memória, usada para indicarmos os conceitos-chave, e a parte de baixo é usada para escrevermos um resumo.

O Método Cornell pode ser usado para registrar notas de livros, palestras, aulas, etc. O primeiro passo é registrar no cabeçalho do formulário o título do assunto que estamos estudando – pode ser o título do capítulo ou da palestra, por exemplo. Depois devemos tomar notas (registrando inclusive as dúvidas) na seção da direita da folha, tão resumidamente quanto possível, mas sem perder a clareza. Ao terminar, devemos preencher a seção da esquerda (memória) com algumas palavras-chave e desenhos que correspondam ao que está na direita. Depois devemos registrar na seção de baixo um breve sumário do assunto (por exemplo, data e local da aula, tema, pontos principais), para facilitar a localização posterior, ao folhear as páginas. Também podemos usar cores e desenhos para melhorar o registro da memória.

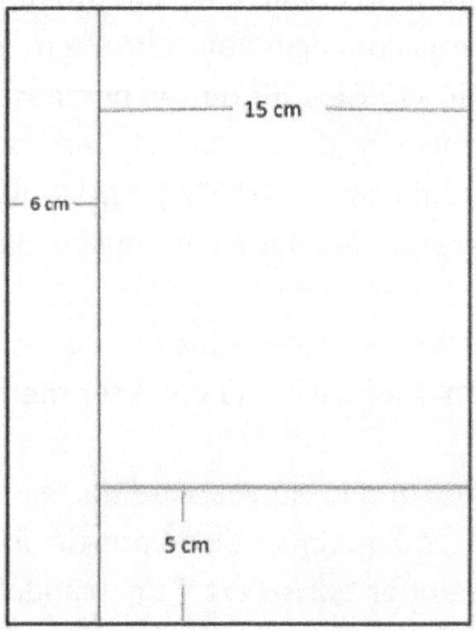

Figura 2.1. Estrutura do formulário para tomada de notas.

Ao registrar as anotações, devemos evitar fazer réplicas do texto, destilando as orações seletivamente e mantendo apenas os pontos-chave que precisamos memorizar. A probabilidade de memorizarmos a informação é maior quando dedicamos algum tempo para escrevermos a mesma ideia com nossas próprias palavras.

Essa abordagem toma mais tempo do que copiar e colar, mas o resultado é melhor. Ao criar as anotações devemos usar símbolos, abreviações, acrônimos e frases curtas de modo que possamos economizar tempo. Quando atribuímos um significado pessoal às anotações, a memorização é mais fácil.

O processo de indexação imediata aumenta nossa eficácia de memorização. Podemos tapar a seção da direita com uma folha de papel e depois tentar lembrar o seu conteúdo a partir das palavras-chave da seção da esquerda. O Método Cornell foi concebido para facilitar o trabalho de estudar para uma prova ou apresentação.

O método foi criado na década de 1950 por Walter Pauk, professor em Cornell. Na época, ele escreveu um livro a respeito, mas seu método só se popularizou na última década.

Outro tipo de registro de anotações é o método do esquema. A estratégia é organizar a informação na forma de uma lista endentada, o mais geral acima e à esquerda e o mais específico abaixo e espaçado para a direita. Ver capítulo "Relatórios, Resumos e Redações" para maiores detalhes sobre como desenvolver uma síntese.

Ao término da leitura devemos fazer uma revisão das notas tomadas. A revisão permite organizar nosso conhecimento e fixar nossa memória. Devemos testar nosso conhecimento quanto aos pontos-chave do texto e compartilhar com outras pessoas. A leitura, a escrita, a visualização e a escuta, todas juntas, estimulam diferentes partes do nosso cérebro.

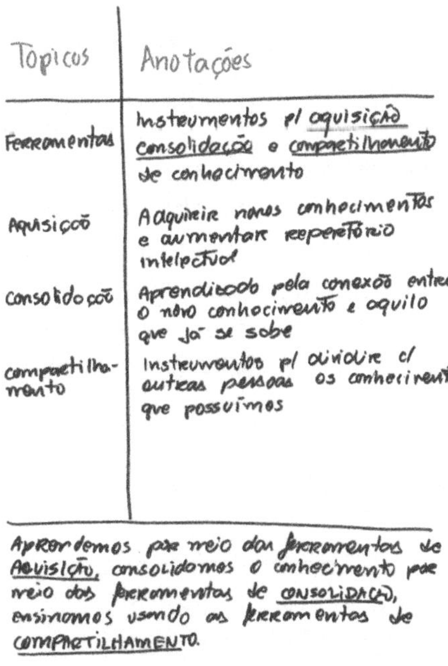

Figura 2.2. Exemplo de tomada de notas.

2.4 Método Cumbuca e anotações

O Método Cumbuca foi sugerido por Vicenti Falconi em seu livro "O verdadeiro poder: práticas de gestão que conduzem a resultados revolucionários" ([FALCONI]), publicado em 2009. Segundo o autor, um dos principais entraves para implementação de programas de qualidade nas empresas brasileiras é a falta de estudo. Segundo Falconi, "por não terem hábito nem método de estudo, os funcionários apresentam sérias dificuldades para melhorar seus processos e ferramentas e para adquirir novos conhecimentos". Para lidar com essa dificuldade, Falconi propôs o método de estudo batizado como Método Cumbuca.

Trata-se de uma técnica que incentiva o estudo em grupos pequenos, por meio de encontros rápidos e periódicos. A ferramenta foi idealizada dentro do contexto dos programas de qualidade, mas pode ser usada em qualquer outra área, incluindo estudos em grupo de universitários.

Cada sessão tem como objetivo discutir livros e artigos que sejam de interesse do grupo. O método recebeu o nome de Cumbuca porque, a cada sessão, o nome de um integrante do grupo é sorteado em uma cumbuca para liderar a discussão. Seguem as etapas do Método Cumbuca, conforme sugerido por Falconi:

1. Formar grupos pequenos de quatro a seis pessoas.
2. Escolher um livro de interesse comum.
3. Fixar encontros semanais com dia, horário e tempo de duração para as pessoas poderem se programar. A sugestão de Falconi é que os encontros tenham duração aproximada de duas horas. A cada sessão o grupo discutirá um capítulo do livro selecionado.
4. Antes de cada sessão todos os membros do grupo devem se preparar lendo a parte do texto programada para ser discutida.
5. O grupo deve criar um código rígido de conduta com relação às faltas. Todos devem estar presentes em todas as reuniões. Na ausência de um dos membros, a sessão deve ser cancelada e o encontro reagendado para outro dia.
6. A sala utilizada para os encontros precisa ter os itens necessários para uma boa discussão. Por exemplo: computador, projetor, *flipchart*, quadro branco, etc.
7. No início de cada sessão um dos membros do grupo será sorteado para conduzir a apresentação. O grupo deve ter uma cumbuca com papéis onde estarão escritos os nomes dos participantes – o sorteio acontece retirando-se um nome da cumbuca. Como todos leram sobre o assunto, a discussão

deverá ser produtiva. O nome do apresentador é recolocado na cumbuca e ele pode ser sorteado na sessão seguinte.

8. Todos devem ler a parte do livro que será discutida na reunião, fazendo e trazendo suas anotações. Se o sorteado não estiver preparado, a reunião deverá ser suspensa – todos devem ter comprometimento e responsabilidade para que isso não ocorra. Falconi enfatiza: "não se deve sortear ou indicar outro, nem mesmo aceitar voluntários para apresentar. O método é baseado no compromisso de todos".
9. A pessoa sorteada deverá ser a facilitadora da discussão. Introduzirá o assunto, organizará o debate, incentivará a participação de todos, fará a moderação das contribuições, fomentará a discussão sobre a aplicação prática do assunto abordado e fechará a reunião. O fechamento pode consistir de: resumo daquilo que foi discutido; organização das lições aprendidas; lista de ações a executar; etc.

As outras ferramentas apresentadas neste livro também podem contribuir com o Método Cumbuca da seguinte forma:

- **Leitura dinâmica** – Permite ler de forma mais eficiente, absorvendo uma quantidade maior de informação com menos esforço e em menos tempo. Quanto maior o tamanho do texto a ser discutido em uma sessão, mais útil será o domínio desta técnica.
- **Mapas mentais** e **mapas conceituais** – Os mapas permitem mostrar um quadro mais amplo, assim como os detalhes de um assunto. Com uma única passada de olhos podemos observar tanto a organização macro das nossas ideias como os seus detalhes. São úteis para resumir o conteúdo do texto lido e para apresentar esse conteúdo durante uma reunião.
- **Resumo** – Trata-se de expor um assunto de forma breve e sucinta. A síntese do texto lido consiste em reproduzir o conteúdo original, mas de forma sintética, considerando somente as ideias centrais e dispensando o resto. Escrever um resumo pode nos ajudar na preparação para a reunião de apresentação.
- **Apresentações** – Saber fazer uma boa apresentação é fundamental para nosso sucesso ao compartilhar algum conhecimento. Tão importante quanto dominar um assunto é saber apresentá-lo de um jeito especial, que gere aprendizado para outras pessoas. Preparar e realizar uma apresentação nos ajudará no sucesso das sessões de discussão.
- **Histórias** – São um eficiente meio de estimular e engajar o cérebro humano. Podemos contar histórias para exemplificar o conteúdo do texto lido – mui-

tas vezes é mais fácil ensinar dessa forma do que descrever uma série de conceitos ou mostrar gráficos e tabelas.

- **Desenhos de ideias** – Podemos usar os desenhos para mostrar o conteúdo de um assunto ou situação exposta. Podemos fazer desenhos para mostrar os elementos envolvidos (o que/quem), para mapear a relação entre os elementos (onde), para representar uma sequência de eventos que levaram a uma determinada situação (quando), para avaliar o impacto de uma crise (quanto), para mostrar como os elementos interagiram para gerar uma situação (como), etc. Podemos usar os desenhos para consolidar nosso entendimento do texto lido e para compartilhar o conhecimento com outras pessoas na sessão de discussão.
- **Argumentação** – São usados para dar suporte a certos pontos de vista com razões que sejam válidas e coerentes. Por meio das técnicas de argumentação podemos criticar o conteúdo do texto discutido na sessão, desenvolver nosso ponto de vista e construir argumentos para defendê-lo, assim como validar os argumentos das outras pessoas do grupo.
- **Pensamento crítico** – Essa ferramenta é útil para crítica e avaliação do raciocínio do autor, com o qual podemos ou não concordar. Por meio do pensamento crítico podemos avaliar as várias dimensões do pensamento do autor (propósito, pontos de vista, premissas, dados de suporte, etc.) e a qualidade do seu raciocínio (clareza, precisão, etc.).

2.5 Resumindo

A técnica de leitura de livros é uma das principais ferramentas de aquisição de conhecimento e se aplica à livros, artigos e outros tipos de textos. Essa técnica requer que pratiquemos a leitura ativa, de quem se coloca na posição de quem critica o material, formulando perguntas e buscando pelas respostas no texto. As perguntas devem ser pensadas antes de iniciarmos a leitura e refinadas à medida que lemos. Dessa forma conseguiremos estabelecer objetivos claros sobre o que estamos buscando no texto. Quando temos clareza sobre o que estamos buscando, nosso cérebro fica em alerta para reconhecer a informação quando cruzarmos com ela.

A leitura é dividida em três etapas: pré-leitura, leitura analítica e leitura crítica. A pré-leitura nos permite ganhar uma visão geral da organização do livro e dos objetivos do autor. Assim, é possível decidir se vale a pena ler o livro, quais partes devem ser lidas e em que ordem. A leitura analítica nos permite compreender as informações expostas pelo autor por meio da leitura dos capítulos e dos itens selecionados na fase de pré-leitura. A terceira e última leitura é a crítica, que tem como objetivo a análise crítica dos pontos-chave. Nesta etapa vamos criticar o conteúdo do livro confrontando as informações apresentadas com outras fontes. Vamos voltar aos pontos-chave destacados por meio de marcação para memorizar o conteúdo, para fazer anotações ou para desenvolver uma síntese do material.

O texto escrito é um dos principais meios de compartilhamento de conhecimento. Por meio da leitura ativa iniciamos o processo de consolidação daquilo que estamos aprendendo.

As pessoas que dominam a técnica de leitura poderão se beneficiar, tanto na vida profissional como acadêmica, de poder aprender mais. Sem o uso de uma técnica eficiente, o aprendizado que extraímos de um livro pode ser muito menor. Sem contar que muitas vezes descobrimos que foi uma perda de tempo ler um livro somente depois que terminamos a sua leitura.

3
Leitura Dinâmica

Ferramenta para melhorar a eficiência de leitura. Permite que possamos adquirir uma quantidade maior de conhecimento em menos tempo.

Podemos ler por lazer, para estudo acadêmico ou para desenvolver algum trabalho profissional. A leitura com fins acadêmicos ou profissionais precisa ser rápida e com foco. O objetivo deve ser o de chegar ao fundo da questão que buscamos, extrair a informação desejada e abandonar o resto. Nesse tipo de leitura, o que procuramos é obter o maior retorno com o menor investimento possível (de tempo e esforço). Nessa categoria estão textos como: artigos, manuais, monografias, livros didáticos, *folders* de produtos, etc. Para que tal objetivo possa ser atingido é necessário um estilo diferente de leitura – precisamos da leitura dinâmica.

A leitura dinâmica, ou leitura acelerada, nos permite ler de forma mais eficiente. É possível absorver uma quantidade maior de informações com menos esforço e tempo. Para praticá-la será necessário reaprender a ler, incluindo a forma como movimentamos os olhos e como capturamos os significados das palavras.

3.1 Técnicas de leitura acelerada

Durante o processo de alfabetização fomos treinados a aplicar várias técnicas para que pudéssemos aprender a ler. Depois tais técnicas se tornaram hábitos e passamos a ler de forma automática. Com essas técnicas uma pessoa normal lê em uma velocidade que tipicamente varia de 100 a 200 palavras por minuto. Depois que adquirimos proficiência na leitura é necessário abandonar esses velhos hábitos e adotar novos, que nos permitirão ler em uma velocidade muito maior.

Subvocalização

O primeiro passo para melhorarmos a eficiência e a velocidade da leitura é eliminar a subvocalização, que acontece quando pronunciamos ou falamos as palavras enquanto lemos, como fazíamos na época em que estávamos sendo alfabetizados. Normalmente aprendemos a ler em voz alta, por isso nos habituamos a ler pronunciando as palavras (chamamos de subvocalização a pronúncia que fazemos mentalmente ou em voz baixa). A subvocalização limita nossa velocidade de leitura, pois lemos tão rápido quanto conseguimos falar. Podemos ler em voz alta até duzentas palavras por minuto, mas podemos ler (e pensar) muitas vezes mais rápido do que isso.

Para praticar a leitura dinâmica precisamos aprender a ler sem subvocalizar. Precisamos aprender a ler "vendo" a imagem das palavras, e não lendo sílaba por sílaba de cada palavra. Em primeiro lugar, temos que ganhar consciência de que subvocalizamos, ficando atentos para perceber se estamos movimentando os lábios ou pronunciando as sílabas mentalmente enquanto lemos. Para bloquear esse hábito podemos fazer algumas coisas:

- Pronunciar algum som sem sentido enquanto lemos, ocupando nossa voz mental com outra atividade. Por exemplo, podemos pronunciar "la-la-la", ou então contar "um, dois, três". Inicialmente isso vai prejudicar nosso desempenho, mas depois, com alguma prática, irá produzir bons resultados.
- Usar algum objeto ou os dedos para guiar nossos olhos enquanto lemos. Nossos dedos devem se movimentar pulando de um grupo de palavras para outro, indicando os pontos de parada dos olhos. Além de acelerar a leitura, essa técnica também vai diminuir a subvocalização.
- Acelerar a leitura, por exemplo, de 150 para 200 ou 250 palavras por minuto. Com uma velocidade maior do que a que estamos acostumados, vamos limitar a quantidade de palavras que conseguimos pronunciar, reduzindo a subvocalização. Essa abordagem também vai nos ajudar a melhorar a concentração.

Retrocesso

O retrocesso acontece quando, durante a leitura, retrocedemos para ler novamente palavras que acabamos de ler. Nossos olhos podem saltar para frente e para trás – e quanto mais devagar eles se moverem, mais facilmente se perderão e mais vezes precisaremos retroceder. Precisamos considerar que nossos olhos geralmente não permanecem focados em um único ponto, eles saltam. A cada movimento precisam focar novamente, desperdiçando um tempo precioso.

Para eliminar o retrocesso, precisamos melhorar nossa concentração e abandonar o hábito de voltar atrás para reler o que já foi lido. O primeiro passo é tomar consciência desse problema. Depois passamos a administrá-lo simplesmente deixando de voltar atrás, mesmo que isso dificulte nosso entendimento do texto. Uma técnica de treinamento para eliminar o retrocesso é usar uma folha de papel para cobrir o texto; à medida que vamos lendo, vamos cobrindo as linhas anteriores, já lidas, para evitar a tentação de relê-las. Se, por falta de concentração, não compreendermos algo, descarte aquele trecho e continue lendo. É melhor reler o texto inteiro (capítulo ou subcapítulo) e assim praticar melhores hábitos de leitura.

Leitura de palavra por palavra

Fomos alfabetizados para ler sílaba por sílaba e formar palavras, falando cada sílaba. Depois fomos treinados a ler palavra por palavra para formar orações. Porém, com a prática da leitura dinâmica, desenvolvemos a habilidade de ler blocos inteiros de palavras em vez de palavras individuais. Aprendemos a descartar certas palavras, como os artigos, que não agregam nada para o entendimento do texto. Um projeto realizado na Universidade de Princeton, nos Estados Unidos, demonstrou que a aplicação desta técnica permitiu aumentar a velocidade da leitura em até 386% entre os participantes do experimento.

Para que a leitura em blocos funcione, é necessário aprender a relaxar a visão durante a leitura, de forma que nossa visão periférica possa ser ampliada e nos permita ver mais palavras de cada vez. O jornal, com o texto organizado em colunas (veja a figura seguinte), é ideal para a prática e o desenvolvimento desta técnica. Leitores dinâmicos conseguem ler cada linha de uma coluna com uma única parada dos olhos. A cada salto de olhos eles leem uma nova linha do texto. Para praticar podemos começar tentando ler o texto das colunas do jornal com três, duas e depois uma parada de olhos.

Esse mesmo método pode ser aplicado em textos com colunas mais largas, como este livro. Porém, neste caso, pode ser necessário realizar uma quantidade maior de movimentos e paradas de olho a cada linha. Tente dividir cada página (deste livro) em três colunas verticais imaginárias de tamanho igual. Treine para conseguir ver todas as palavras de cada coluna a cada movimento dos seus olhos. Ao movimentar os olhos, devemos fixá-los no meio de cada uma dessas colunas. É interessante praticar esta técnica até nos acostumarmos a ler com a visão expandida.

Literatura

A história das palavras

Pesquisador lança segunda edição de livro que explica o significado de 400 verbetes

FELIPE BRANCO CRUZ
felipe.cruz@grupoestado.com.br

Latim, grego, tupi-guarani, línguas africanas, persa, sânscrito, tcheco, árabe. Essas são apenas algumas das vertentes linguísticas que influenciaram o português falado no Brasil. Cada palavra traz consigo uma história e o pesquisador Gabriel Perissé, mestre em literatura brasileira pela USP e doutor em filosofia também pela USP, tenta explicar o significado de algumas delas, no livro *Palavras e Origens* (128 págs., R$ 28), que ganha sua segunda edição revista e ampliada. "Saber como as palavras surgiram também é uma maneira de conhecer a nossa história", diz o pesquisador. Um dos exemplos que ele gosta de citar é a palavra "defunto". "Hoje, ela é considerada uma palavra feia. Mas seu significado é 'alguém que cumpriu a sua função'. Com essas informações, resgatamos alguns conhecimentos que ficaram esquecidos", completa.

A manutenção da memória, aliás, é um dos motivos que motivam Daniel a continuar estudando as palavras. "O homem é um ser que esquece muito facilmente. E a etimologia (estudo do significado das palavras) resgata uma história esquecida", diz o pesquisador, citando mais uma palavra: "aluno". "Começaram a dizer que 'aluno' significava alguém 'sem luz', mas o significado não é esse. A palavra vem do verbo 'allere', que significa alimentar. Ou seja, aluno é alguém que se alimenta."

Alguns exemplos de palavras que tiveram origem na língua indígena tupi-guarani são abacaxi, pindaíba e tatu. Das línguas africanas, temos sacana e moleque. Boa parte também vem do árabe, cerca de 2% do nosso vernáculo, como andaime, café e algodão.

No livro, estão contidas mais de 400 palavras, agrupadas por temas como alimentação, artes, esportes, música e tecnologia. A obra, no entanto, não pretende ser um dicionário etimológico, e sim um guia para consultas. Por isso, para deixar o livro ainda mais fácil de ler, Daniel coloca a palavra dentro do contexto de uma frase ou provérbio. Por exemplo, para explicar "palmatória", ele usa a frase "Dê a mão à palmatória". A palavra remete ao século 16, quando os escravos eram castigados com uma varinha de palmeira – daí, o nome: palmatória.

A obra surgiu por acaso. Há alguns, anos ele escrevia uma coluna para um portal – já extinto –, explicando o significado das palavras. "Fui colecionando verbetes. Quando percebi, tinha material suficiente para um livro", lembra. Como a língua está sempre se modificando, Gabriel responde a dúvidas e continua colecionando novas palavras em seu site: palavraseorigens.blogspot.com ::

Figura 3.1. Exemplo de texto em colunas.

3.2 Considerações

Pode ser necessário alternar a velocidade de leitura em cada parte do texto. Cada trecho pode requerer maior ou menor atenção. Por exemplo, talvez precisemos diminuir a velocidade para prestar maior atenção às palavras destacadas em negrito ou itálico, ou então para nos concentrarmos em uma passagem do texto repleta de termos técnicos. Alguns dos fatores que afetam a velocidade de leitura são a familiaridade com o tema, a clareza de propósito (por que estamos lendo?) e o nível de conhecimento que temos do vocabulário. Textos científicos e jurídicos normalmente são lidos bem devagar. Outra orientação que pode ser útil é baixar a velocidade ao ler a primeira oração de cada parágrafo. Por meio dele o autor normalmente nos passa a ideia principal do parágrafo. Por outro lado, para ganhar velocidade podemos pular os trechos que trazem ideias que nos são familiares.

As técnicas de leitura dinâmica nos ajudam a criar um fluxo contínuo de leitura e a ler blocos maiores de texto a cada movimento dos olhos. Essas técnicas permitem capturar rapidamente as mensagens e os conceitos principais de uma passagem do texto.

Só há uma maneira de aumentar a nossa velocidade de leitura: através da prática constante, até que o uso dessas técnicas se torne um hábito. Se desejarmos ler mais rápido, então precisamos começar a prestar atenção em nossos hábitos e começar a medir nossa velocidade. Para medir a nossa velocidade de leitura podemos adotar o seguinte procedimento:

1. Selecionar uma página.
2. Contar quantas palavras existem em cada uma das primeiras cinco linhas e calcular a quantidade média de palavras por linha dessas cinco linhas (descartar artigos e preposições).
3. Contar quantas linhas existem na página inteira.
4. Multiplicar o tamanho médio de uma linha pela quantidade de linhas para obter a quantidade total de palavras da página.
5. Com um cronômetro, medir o tempo da leitura e depois dividir a quantidade de palavras pelo tempo gasto – o resultado será a velocidade. Por exemplo, se o texto tiver em média dez palavras por linha e cinquenta linhas, então teremos quinhentas palavras. Se o tempo total foi de dois minutos, então a velocidade será igual a 500 dividido por 2, ou seja, 250 palavras por minuto.

Precisamos fazer isso com frequência para monitorar nosso progresso, só podemos melhorar aquilo que medimos.

Durante quanto tempo conseguimos ler sem perder a eficiência? A capacidade de concentração do ser humano é limitada, nossa mente não é incansável. Quando exageramos no período de leitura, nossa capacidade de retenção e compreensão diminui consideravelmente. Para ter maior eficiência é melhor ler um livro em várias sessões curtas, com menos de duas horas de duração. Entre uma sessão e outra devemos ter períodos de descanso regulares, entre vinte e trinta minutos. Durante esse período devemos dedicar algum tempo para refletir sobre o que foi lido, para que o conhecimento adquirido (por meio da leitura) se fixe em nosso cérebro.

Outra questão importante é o ambiente onde lemos. Um local tranquilo, um assento confortável e iluminação adequada melhoram consideravelmente a eficiência da leitura. O desconforto físico e as distrações trazem grandes prejuízos à leitura dinâmica.

Para fixar o conteúdo lido, devemos focar nos conceitos-chave, resumindo o conteúdo lido frequentemente em nossa mente enquanto lemos, para assim monitorarmos nossa compreensão. À medida que avançamos é importante formularmos perguntas, associarmos as novas informações ao nosso repertório de conhecimento e avaliarmos a aplicação prática do conhecimento adquirido.

Ao terminar um capítulo é interessante relembrar mentalmente os pontos-chave para ajudar na retenção do aprendizado.

3.3 Resumindo

A leitura dinâmica, ou acelerada, permite absorver uma quantidade maior de informações com menos esforço e em menos tempo. Para que a leitura acelerada funcione, empregamos as técnicas apresentadas: eliminação da subvocalização, supressão do retrocesso, leitura de blocos de palavras, movimentação rítmica e espaçada dos olhos. Uma pessoa normal lê em uma velocidade que varia entre 150 e duzentas palavras por minuto. Ao empregar as técnicas de leitura dinâmica podemos ler até cinco vezes mais rápido.

A velocidade de leitura deve variar em função da complexidade do texto. Não há uma velocidade de leitura ideal que pode ser aplicada a qualquer tipo de texto. Alguns trechos podem ser mais difíceis que outros; logo, precisaremos lê-los mais lentamente, talvez mais de uma vez. Outras partes podem ser lidas "na diagonal", pois são temas simples, periféricos ou que dominamos profundamente.

A leitura dinâmica contribui com o processo de aquisição de conhecimentos por acelerar a leitura. Os leitores dinâmicos podem ler entre mil e duas mil palavras por minuto. A técnica descrita neste capítulo permite que pessoas normais consigam pelo menos duplicar ou triplicar suas velocidades sem muito esforço.

Como acontece com qualquer outro hábito, a capacidade de leitura dinâmica pode debilitar-se com a falta de prática. Contudo, é como andar de bicicleta – depois que aprendemos, jamais esqueceremos.

4
Mapas Conceituais e Mapas Mentais

Ferramentas para coleta, sintetização e compartilhamento de ideias por meio de mapas, no qual as informações são organizadas de acordo com suas relações. Os mapas mentais foram concebidos por Tony Buzzan, para maximizar a criatividade; os mapas conceituais, por Joseph Novak, como meio de melhorar o aprendizado. Podemos usar estas ferramentas para adquirir, consolidar e compartilhar conhecimento.

Mapas são usados para nos movimentarmos e mostrar relacionamentos espaciais, ou seja, para mostrar onde um objeto está posicionado em relação a outros. Existem diferentes tipos de mapas, como mapas organizacionais, diagramas Venn (círculos sobrepostos), mapa de quadrantes, mapas conceituais, mapas mentais, dentre outros. Neste capítulo vamos explorar os mapas mentais e conceituais, concebidos para mapear conhecimentos, ideias, informações, conceitos, coisas, etc.

Podemos representar uma ideia de diferentes formas, por meio de palavras escritas ou desenhos. Quando usamos as duas formas simultaneamente, como feito nos mapas mentais e conceituais, facilitamos muito a compreensão. Nesses tipos de mapas as ideias são expressadas por meio de palavras, desenhos, cores, setas, dentre outros elementos.

4.1 Mapas mentais

Os mapas mentais permitem mostrar, simultaneamente, o quadro mais amplo de um assunto, assim como os seus detalhes. Podemos ver a imagem tanto da floresta quanto das árvores. Com uma única passada de olhos podemos observar tanto a organização macro das ideias como os seus detalhes.

O mapa mental ou *mind map* é um diagrama usado para representar palavras, ideias, tarefas ou outros itens ligados a um conceito central, dispostos radialmente em volta deste conceito. A ferramenta foi criada por Tony Buzzan, escritor inglês, por volta de 1970 para facilitar a aprendizagem e a memorização por meio do encadeamento não linear de informações.

As duas principais referências bibliográficas que inspiraram a elaboração deste capítulo são "The Mind Map Book" [BUZAN] e "Mapas Mentais: enriquecendo inteligências" [HERMAN].

Em um mapa mental os elementos são arranjados intuitivamente de acordo com a organização hierárquica dos conceitos. Eles são organizados em grupos, ramificações e áreas. Veja o exemplo seguinte, onde estão mapeadas algumas possíveis aplicações do mapa mental como complemento para as demais ferramentas apresentadas neste livro.

Devido à representação das informações ser feita de maneira gráfica, com ideias conectadas de forma não linear, o mapa mental estimula a imaginação e o fluxo natural de ideias. Tudo de maneira livre da rigidez das anotações lineares (listagens). O mapa mental permite explorar o fato de que nosso cérebro:

- Não trabalha de forma linear, mas pula de uma ideia para outra, de forma aleatória, seguindo as associações que vai descobrindo.
- Processa e memoriza mais facilmente informações que combinam palavras, números, ordem e sequência com cores, imagens, dimensões, símbolos e ritmo visual.

O mapa mental é usado para gerar, visualizar, estruturar e classificar ideias. Apresenta muitas vantagens sobre as anotações na forma de listas, como:

- A ideia principal, colocada no centro do gráfico, fica em destaque.
- A importância relativa de cada ideia é claramente indicada; quanto mais perto do centro, mais importante.
- As conexões entre conceitos são imediatamente reconhecidas.
- As revisões são mais efetivas e mais rápidas.
- Fácil inclusão de novas informações.
- A natureza aberta do gráfico estimula o cérebro a fazer novas conexões.

Os mapas mentais têm muitas aplicações:

- **Preparar listas** – Nosso cérebro é excelente para pensar, criar, imaginar, resolver problemas e muitas outras coisas. No entanto, é péssimo para se lembrar de listas de coisas, como uma lista de tarefas.
- **Fazer *brainstorming*** – Os mapas permitem capturar as ideias de forma dinâmica, com recursos de adição, movimentação e reagrupamento de ideias.

- **Fazer sumários e resumos** – As ideias são organizadas na forma de um mapa hierárquico, que mostra a conexão e os agrupamentos de informações.
- **Fazer anotações em palestras** – À medida que o palestrante apresenta suas ideias, vamos criando novas entradas no nosso mapa mental, em sequência, uma atrás da outra. Depois da palestra podemos refletir sobre quais são as ideias centrais, aquelas que formam a espinha dorsal do mapa mental. As demais ideias serão agrupadas embaixo das primeiras, dando origem aos vários ramos do mapa.
- **Estruturar o conteúdo de um texto (livro, artigo, etc.)** – O mapa mental é uma excelente ferramenta para preparar a estrutura lógica de um texto, desde um único capítulo até um livro inteiro. Começamos colocando as ideias de forma fluida no mapa, sem muita lógica ou estrutura, para que o processo de criação não seja interrompido. Depois reorganizamos as várias ideias colocando as secundárias abaixo das centrais, organizando o mapa da forma mais conveniente. Podemos usar os mapas para sintetizar o conteúdo de um livro que estamos lendo ou para planejar o conteúdo de um livro que vamos escrever.
- **Fazer agenda** – Também podemos usar os mapas para organizar nossa agenda, uma lista que consiste de tarefas.

Para desenhar um mapa mental, ao contrário de uma redação, começamos a jogar as ideias no papel sem uma ordem específica. Essa abordagem nos desobriga de organizar as ideias antes que sejam colocadas no papel – assim podemos trabalhar de forma criativa sem nos preocuparmos com a estrutura global.

Depois de registrarmos todas as ideias, podemos arrumá-las da forma que for mais lógica e gerar a versão final do mapa mental. Nesse processo podem surgir novas ideias, que serão alocadas onde for mais adequado.

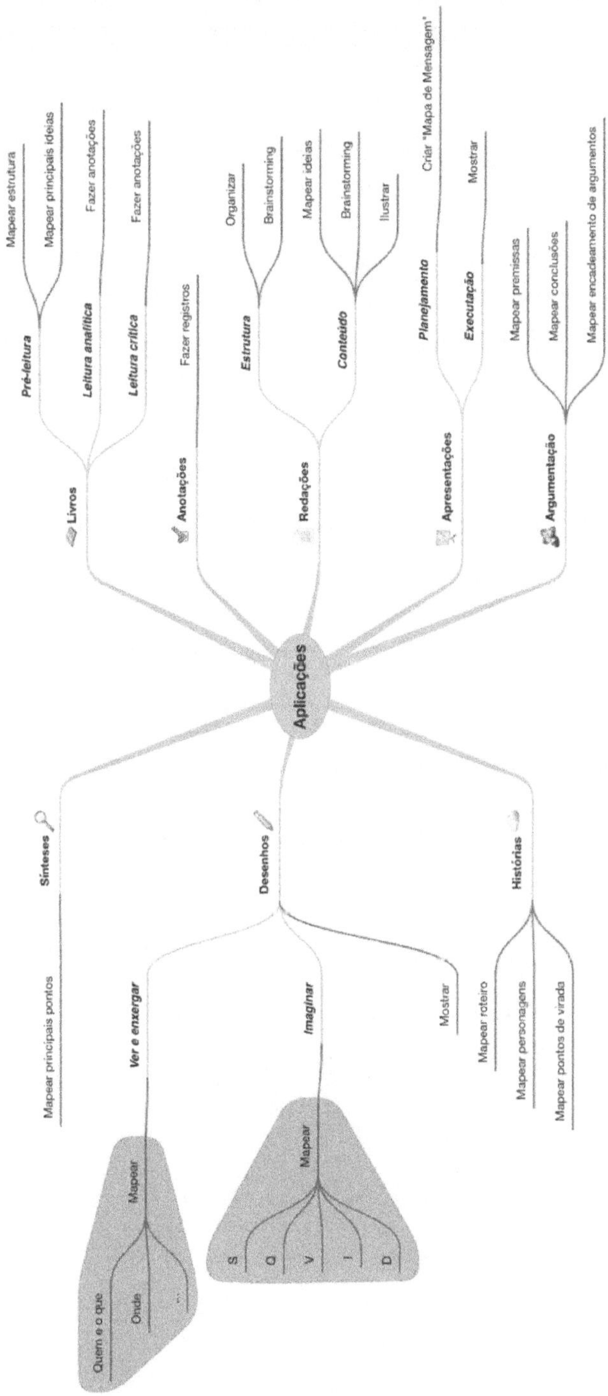

Figura 4.1. Exemplo de mapa mental.

O primeiro passo é identificar um conceito central, por meio de uma palavra, uma breve frase ou um desenho. Depois outros conceitos ou características são adicionados através de ramificações. Os passos para o desenho de um mapa são:

1. Utilize uma folha de papel branco A4 "deitada" (paisagem) e junte um conjunto de canetas coloridas, de pontas finas e grossas, incluindo marcadores de texto.
2. Comece pelo centro – selecione o tópico, problema ou assunto a ser mapeado e desenhe no centro da folha uma palavra ou imagem que represente o assunto sobre o qual você irá pensar. Por exemplo, o título de um livro. Use dimensão, expressão e cores na imagem central para chamar atenção e ajudar a memória.

Figura 4.2. Roteiro para desenho de um mapa mental.

3. Colete as informações associadas ao assunto.
4. Em volta do assunto central coloque os principais temas associados. Eles podem ser os títulos dos capítulos de um livro, por exemplo. Estas são as ideias que nos permitem ordenar e organizar o mapa mental. Faça ramos o mais próximo possível do centro, grudados à figura central, depois adicione um "título" para cada um deles ao longo da linha do ramo.

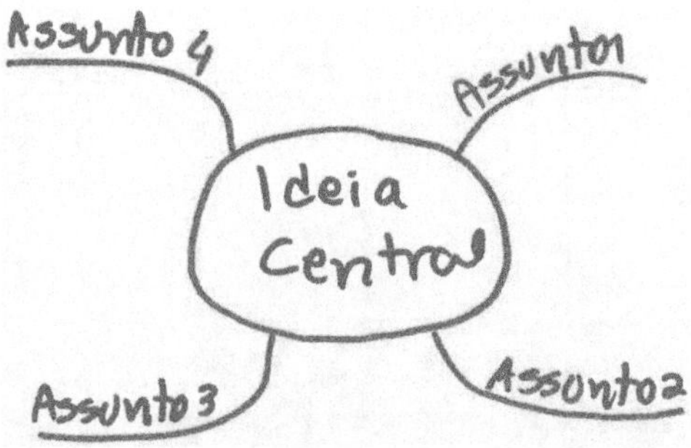

Figura 4.3. Roteiro para desenho de um mapa mental.

5. Desdobre cada um dos temas principais em temas secundários. Se necessário, desdobre-os em novos temas e assim sucessivamente, até atingir o nível de detalhamento necessário.

Figura 4.4. Roteiro para desenho de um mapa mental.

6. Acrescente ilustrações, onde imagem e palavra fiquem sempre próximas, como mostrado na figura seguinte.
7. Use cores para destacar diferentes tipos de coisas, como: pessoas, tópicos, temas, datas, etc.

Durante a elaboração do mapa não interrompa o fluxo de ideias, anote-as imediatamente, à medida que surgirem em sua cabeça. Não pare para fazer julgamentos, continue pensando – deixe para mais tarde modificações e melhorias.

Para que o desenho final seja claro, organize o espaço e deixe áreas em branco para futuras inserções. Devemos colocar somente uma palavra-chave por linha. Os textos devem ser escritos ao longo das linhas. O ideal é que as linhas centrais sejam mais grossas, diminuindo sua espessura à medida que nos afastamos do centro.

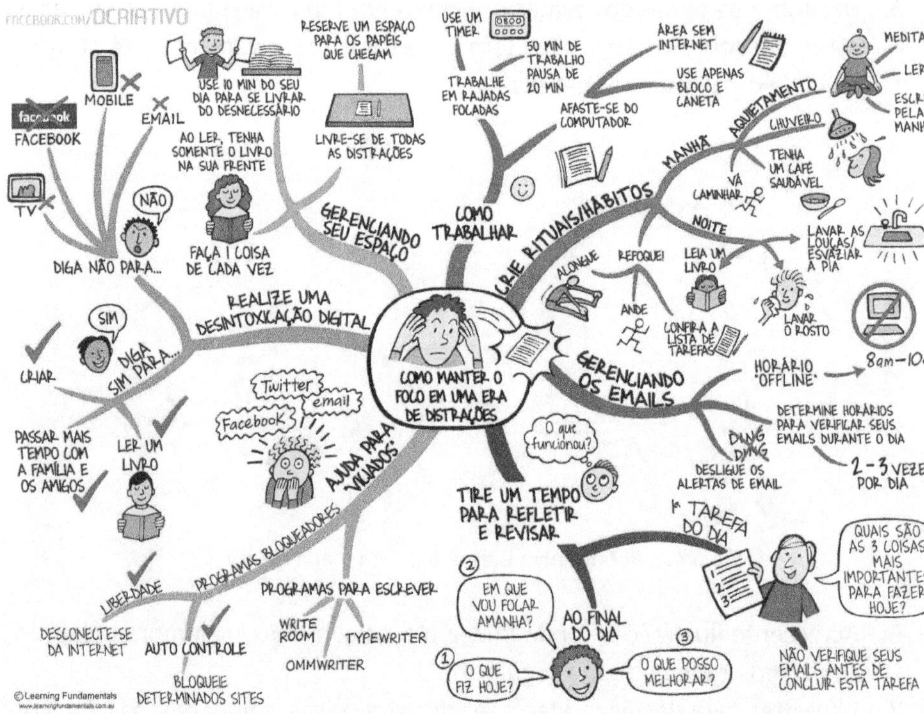

Figura 4.5. Exemplo de um mapa mental
(extraído de <http://blog.enem.com.br/2016/mapa-mental>).

Conclusão

O mapeamento mental pode ser um grande aliado do processo de criação. No *brainstorm*, pensamos em uma variedade de ideias soltas que, com o mapa mental, podem ser facilmente organizadas. Ajudar a criar novos conhecimentos é um dos benefícios do mapa mental. Por isso, a ferramenta também é recomendada para planejamento de projetos, relatórios, livros, artigos, monografias, teses e dissertações. Isso porque o mapa é flexível e nos permite retirar e acrescentar as informações que quisermos.

O uso de softwares para criação de mapas mentais pode facilitar muito o trabalho. Quando criamos os mapas manualmente, fazendo desenhos em papéis, podemos ter grandes dificuldades para movimentar uma ideia de uma posição para outra. Em um software isso pode ser feito por meio de uma simples ação de arrastar e soltar. Veja a seguir uma lista de softwares, alguns grátis e outros pagos.

Tabela 4.1. Softwares para desenho de mapa mental.

Software	Licença	Plataforma	*On-line*	Colaboração em tempo real
Compedium	Grátis	Múltiplas	Não	Não
FreeMind	Grátis	Múltiplas	Sim	Não
MindMup	Pago	*Web*	Sim	Sim
XMind	Grátis	Microsoft, Mac, Linux	Não	Não
Coggle It	*Freeware*	Múltiplas	Sim	Sim
EDraw	*Freeware*	Múltiplas	Não	Não
MindMaps	Grátis	*Web*	Sim	Não
MindMeister	Pago e grátis	*Web*	Sim	Não
MindNote	Pago e grátis	Microsoft, Mac, Linux	Não	Não

4.2 Mapas conceituais

O mapa conceitual é um excelente recurso para modelar uma estrutura de termos que formam um todo (um assunto, um conceito, uma área de conhecimento, etc.), organizados de forma hierárquica. Foi criado por Joseph Novak com o objetivo de implementar o modelo teórico da aprendizagem significativa de Ausubel.

Segundo Novak, o objetivo do mapa conceitual é "representar relacionamentos significativos entre conceitos na forma de proposições" por meio de representações gráficas. Sua utilidade é muito variada: destacar conceitos-chave, estabelecer relações entre conhecimentos prévios e novos, descobrir relacionamentos equivocados entre "coisas", detectar a ausência de conceitos relevantes e visualizar as relações hierárquicas entre conceitos.

Os "conceitos" fazem referência a objetos, seres vivos, acontecimentos, qualidades, etc. Ao criar o mapa conceitual, devemos, a partir de um termo, criar uma rede de relacionamentos com outros conceitos inter-relacionados, formando um esquema coerente, como mostrado na figura seguinte.

Começamos o desenho de um mapa conceitual pelos conceitos, que devem ser representados dentro de uma elipse ou caixa, como mostrado na figura. Opcionalmente, os conceitos podem ser escritos com letras maiúsculas e devem ser compostos por nomes, adjetivos, pronomes e também por expressões conceituais, com mais de uma palavra (por exemplo, a expressão "classe social").

Depois esses conceitos são conectados por "frases de ligação", expressões que ligam dois ou mais conceitos. Podem ser compostos por verbos, preposições, conjunções, advérbios, etc. As frases de ligação são escritas sobre ou ao lado das linhas que ligam dois conceitos, como mostrado na figura.

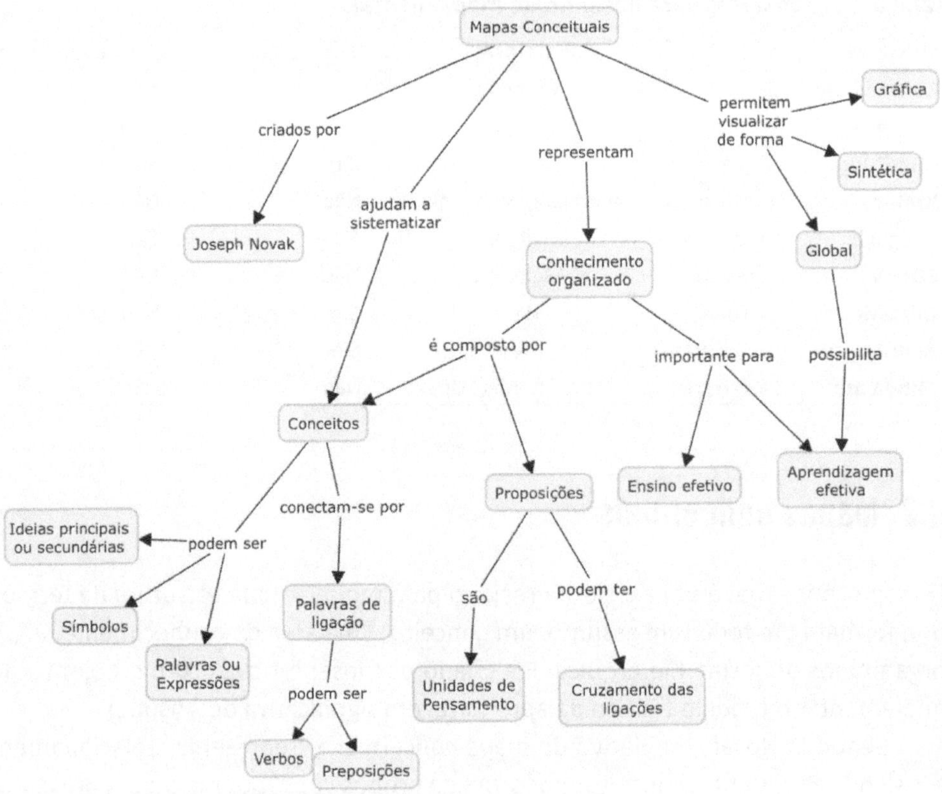

Figura 4.6. Exemplo de um mapa conceitual.

A ligação entre dois conceitos forma uma "proposição", ou seja, uma unidade semântica com significado. Vejamos dois exemplos da figura anterior: "Mapas Conceituais – representam – Conhecimento organizado" e "Mapas Conceituais – permitem visualizar de forma – Gráfica". o mapa conceitual deve ser construído a partir de uma ideia central (neste exemplo, a ideia central é "mapas conceituais") e com um objetivo específico, que neste caso é definir o significado de mapa conceitual. As regras básicas para o desenho de um mapa conceitual, segundo [FAU2], são:

- Em cada elipse ou caixa deve ser colocado somente um conceito ou expressão conceitual.
- Os conceitos não podem ser usados como palavras de ligação.
- As palavras de ligação não podem ser usadas como conceitos.
- As frases de ligação devem ser escritas com letras minúsculas.
- As frases de ligação podem ser compostas por uma ou mais palavras.

- Cores e imagens podem ser usadas para destacar elementos do mapa e melhorar o impacto visual.
- O mapa deve possuir poucos conceitos; o mais importante é a ordem em que as palavras aparecem e as linhas que as unem.
- Cada conceito deve aparecer apenas uma vez.
- Conceitos mais palavras de ligação formam proposições ou frases com significado.
- Abaixo das elipses podemos colocar exemplos para ilustrar os conceitos.

Os conceitos devem ser desenhados de forma hierárquica: acima o mais geral e abaixo o mais específico, ou no centro o mais geral e mais longe do centro o mais específico.

Os passos para construção de um mapa conceitual são:

1. Ler o texto fonte e destacar as ideias ou conceitos centrais e secundários (ver os capítulos "Leitura de Livros, Marcações e Anotações" e "Relatórios, Resumos e Redações").
2. Desenhar uma elipse ou caixa com a "ideia central".
3. Desenhar as "ideias secundárias" em elipses ou caixas abaixo ou ao redor da ideia central.
4. Desenhar linhas de conexão entre as ideias e escrever as frases de ligação.
5. Escrever exemplos abaixo dos conceitos.

Ao construir um mapa conceitual devemos começar com uma atitude passiva em relação ao assunto estudado enquanto identificamos exemplos, conceitos, frases de ligação, proposições e hierarquias. Depois que concluímos a primeira versão do mapa podemos assumir uma atitude ativa e começar a descobrir novas relações cruzadas entre os conceitos, que não estão explícitas no texto base. Dessa forma poderemos desenvolver novos conhecimentos, aprender algo novo e ampliar nosso repertório intelectual. As novas relações cruzadas podem ser representadas de outra forma (por exemplo, por meio de setas tracejadas ou com cores diferentes).

Conclusão

Quando criamos os mapas manualmente, fazendo desenhos em papéis, podemos ter grandes dificuldades quando tivermos que movimentar um conceito de uma posição para outra. O uso de softwares para criação de mapas conceituais pode facilitar muito o trabalho. O desenho da figura anterior foi elaborado com o CMAP, uma ferramenta gratuita, com licença do tipo *freeware*.

5
Relatórios, Resumos e Redações

Ferramenta para compartilhar conhecimento por meio de um texto escrito: relatório, resumo ou redação. Consolidamos o conhecimento à medida que escrevemos, aplicando as técnicas de estruturação do texto. Depois, o texto escrito é usado como um veículo para compartilhamento.

Dominar a arte da escrita exige prática e dedicação. Conforme [CASTRO], saber escrever pressupõe, antes de tudo, saber ler e pensar. Podemos expressar nossos pensamentos por meio de palavras escritas, que por sua vez são interpretadas pela leitura. Essas atividades estão intimamente relacionadas; logo, podemos concluir que quem não reflete sobre o que aprende não escreve bem; e quem não lê ou lê mal também tem dificuldades com a escrita. Não existem fórmulas mágicas, é necessário exercício contínuo. Leitura de bons textos, para aquisição de um repertório, e reflexão, para consolidação daquilo que aprendemos, são indispensáveis para a criação de bons textos.

Como descrito no capítulo "Leitura de Livros, Marcações e Anotações", além de lermos bem, precisamos desenvolver nossa capacidade de entendimento. Entender significa ir além do simples significado das palavras que aparecem no texto. Precisamos compreender o sentido das frases, para que possamos descobrir as mensagens que o autor deseja compartilhar. Um bom autor utiliza técnicas específicas para facilitar a tarefa de compreensão dos seus leitores.

Nas escolas e na vida profissional muitas vezes somos avaliados pela nossa capacidade de escrever – mais especificamente, de compartilhar informações por meio de dissertações, descrições e narrações. Por exemplo, na vida acadêmica temos que escrever nosso trabalho de conclusão de curso, artigos e outros textos. Na vida profissional temos que preparar relatórios, propostas comerciais, descritivos de produtos, artigos, etc. Vejamos as características de cada tipo de texto:

- **Dissertação:** dissertar significa "falar sobre". É o texto em que se expõem ideias, seguidas de argumentos que as comprovem. Em uma dissertação, revelamos nossa opinião a respeito de um assunto.
- **Descrição:** texto em que se indicam as características de um determinado objeto, ser ou ambiente. Na descrição, devemos responder à pergunta: como a coisa (lugar/pessoa) é? É importante tentar usar os mais variados sentidos, como falar do aroma, das cores, das sensações, de tudo que envolve a realidade a ser descrita.
- **Narração:** texto em que se contam fatos ocorridos em determinado tempo e lugar, envolvendo personagens. Devemos "narrar a ação" respondendo à pergunta: "o que aconteceu?". Ver capítulo "Histórias" para maiores informações sobre como estruturar uma narração.

Existem algumas regras gerais para desenvolvimento de redações, seja qual for o tipo de texto. A seguir estão descritas as principais delas para desenvolvimento de textos dissertativos e descritivos.

5.1 Redações e relatórios dissertativos

Uma redação pode ser composta de um ou mais parágrafos, organizados em três partes: introdução, desenvolvimento e conclusão. Na introdução delimitamos o assunto abordado e definimos o objetivo do texto, ou seja, o aspecto do assunto que será abordado. No desenvolvimento, nos aprofundamos na ideia central, seguindo o objetivo definido. E por fim a conclusão, onde resumimos as ideias trabalhadas no desenvolvimento e reafirmamos nosso objetivo.

Segundo [SOARES], para escrevermos uma boa redação, os seguintes critérios devem ser observados:

- **Organização:** a ideia central deve orientar todo o texto, que deve ser composto de introdução + desenvolvimento + conclusão. Devemos usar uma ou mais formas de ordenação de ideias, descritas adiante, para expor nossos argumentos.
- **Unidade:** todas as ideias devem estar associadas à ideia central. Para obtermos maior clareza, não podemos fragmentar uma ideia em muitos parágrafos nem juntar muitas ideias em um único parágrafo.

- **Coerência:** precisamos desenvolver as ideias em uma sequência lógica, usando palavras e expressões de transição entre os parágrafos.
- **Clareza e concisão:** precisamos evitar o uso de pormenores excessivos e explicações desnecessárias e tomar cuidado com as redundâncias.

No caso de um texto dissertativo, podemos desenvolver um trabalho muito mais robusto se usarmos também a ferramenta do pensamento crítico. Por meio dessa ferramenta desenvolvemos a habilidade de criticar nosso próprio raciocínio à medida que escrevemos o texto. Fazemos isso por meio de perguntas que, quando respondidas de forma satisfatória, conferem robustez e qualidade à redação. Seguem alguns exemplos de perguntas que poderíamos fazer para avaliar algumas das dimensões do nosso pensamento:

- **Propósito** – O que estamos tentando conseguir? Qual é nosso objetivo? Por que estamos escrevendo esse texto? Quem são os leitores? Quais são seus interesses?
- **Questão-chave** – Qual questão estamos tentando responder? A questão está alinhada com nosso propósito?
- **Pontos de vista** – Através de que ponto de vista estamos olhando para essa questão? Existem outros pontos de vista a considerar?
- **Inferência** – Como chegamos a essa conclusão? Existem outras conclusões que poderíamos considerar?
- **Informação** – Que informações estamos considerando? As informações que temos são relevantes? As informações são corretas e precisas?
- **Conceitos** – Quais conceitos precisamos utilizar para tornar a questão clara? Esses conceitos estão claramente entendidos?
- **Premissas** – O que estamos considerando como certo? Estamos considerando, inconscientemente, alguma premissa duvidosa? Quais premissas nos levaram a essa conclusão?
- **Implicações** – Quais são as implicações ao aceitar nossa conclusão? O que estamos sugerindo?
- **Qualidade** – Também podemos formular perguntas para avaliar a qualidade do nosso raciocínio em relação a: relevância, lógica, abrangência, profundidade, significância e ética. Ver capítulo "Pensamento Crítico e Argumentação" para maiores detalhes.

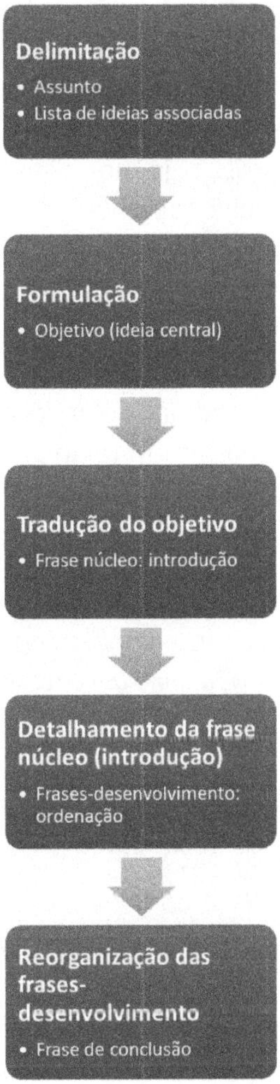

Figura 5.1. Passos para o desenvolvimento de uma redação.

Tabela 5.1. Exemplo do planejamento da estrutura de uma redação.

Parte	Conteúdo
Assunto	Desemprego
Delimitação	O problema do desemprego nos centros urbanos
Objetivo	Indicar as causas e as consequências do desemprego nos centros urbanos
Desenvolvimento	Ordenação por causa-consequência • Introdução – Parágrafo1 • Desenvolvimento – Causas no parágrafo 2 e consequências no parágrafo 3 • Conclusão – Parágrafo 4

Texto da introdução

Na introdução delimitamos o assunto e apresentamos o objetivo, que pode ser expresso, por exemplo, através de uma pergunta ou de uma afirmação surpreendente. Por exemplo: "quantas pessoas já morreram por causa da poluição?" ou "a poluição já matou mais de um milhão de pessoas".

Segundo [SALAS], as primeiras linhas de um texto devem ser as mais atrativas. Se não despertarmos o interesse do leitor nas primeiras palavras ele poderá nos escapar. Existem várias abordagens para tornar o início do texto mais interessante:

- **Começar com um relato:** podemos começar com uma história pessoal. Por exemplo, poderíamos começar um texto sobre poluição da seguinte forma (extraído de [SOARES]):

> *Eu estava prestes a iniciar meu primeiro dia em São Paulo, quando abri a janela e percebi uma nuvem acinzentada entre os prédios. Será que iria chover? Algum tempo depois percebi que era poluição! Não tinha a menor sombra de dúvidas.*

- **Começar com uma pergunta:** ainda no exemplo anterior (extraído de [SOARES]), poderíamos começar com:

> *Sabiam que a cidade de São Paulo está entre as 10 mais poluídas do mundo?*

- **Apresentar uma imagem:** se vamos falar da poluição na cidade de São Paulo, podemos começar com uma descrição que reproduza a imagem da poluição na cidade. Ou, se vamos falar sobre o câncer, em vez de apresentar uma descrição desumanizada da doença, podemos começar apresentando ou descrevendo uma pessoa que sofre de câncer. As palavras que podem ser convertidas em imagens têm muito mais força e são mais sedutoras.
- **Começar com um problema:** podemos começar o texto com um problema, apresentando seus efeitos e consequências. Depois, no decorrer do texto, podemos descrever alternativas de solução.

Texto do desenvolvimento

Chamamos o corpo principal do texto de "desenvolvimento". Nessa parte apresentamos ideias, pensamentos, argumentos, etc. para desdobrar o objetivo expresso na introdução. Precisamos adotar explicitamente uma estratégia de organização para essa informação. Pode ser uma ou mais das abordagens citadas a seguir, conforme descrito por [SOARES].

Ordenação por tempo e espaço

As ordenações por tempo e espaço podem ser utilizadas em conjunto ou individualmente. Na ordenação por tempo, podemos desenvolver o texto do passado para o presente, ou do presente para o passado; do presente para o futuro, ou do futuro para o presente. Na ordenação por espaço, podemos ir do exterior para o interior, da esquerda para direita, primeiro os de cima e depois os de baixo, etc.

Exemplo (extraído de [SOARES]):

> *O povoamento do sul do Brasil processou-se de dois modos diferentes: no litoral, pela vinda de colonos açorianos, que chegavam com ferramentas, sementes, um pouco de dinheiro; no interior, pela chegada de famílias paulistas, que seguiam os caminhos do altiplano. O duplo aspecto do povoamento dará lugar a dois tipos de sociedade e dois tipos de economia.*

Delimitação: os dois modos de povoamento do sul do Brasil.
Objetivo: comparar o povoamento do interior com o do litoral.
Introdução: o povoamento do sul do Brasil processou-se de dois modos diferentes.
Desenvolvimento: primeiro no litoral e depois no interior.
Conclusão: o duplo aspecto do povoamento dará lugar a dois tipos de sociedade e dois tipos de economia.

Ordenação por enumeração

O assunto, a delimitação do assunto e os objetivos escolhidos para a redação podem conduzir a uma ordenação de ideias por enumeração – indicação de fatos, objetos, características, funções, fatores, etc. A enumeração pode ser aleatória ou seguir algum critério, como importância, ordem de dificuldade, preferência, etc. A enumeração também pode ser feita por classificação (agrupamento), onde os elementos são enumerados segundo suas semelhanças ou diferenças. Em outras palavras, os elementos podem ser apresentados sequencialmente ou em grupos distintos.

Exemplo (extraído de [SOARES]):

Recentes desenvolvimentos tecnológicos tornaram possível uma nova forma de comunicação humana: a comunicação de massa. Essa forma se diferencia das anteriores pelas seguintes principais características: é dirigida a audiências relativamente grandes, heterogêneas e anônimas; as mensagens são transmitidas publicamente, na maior parte das vezes programada para atingir simultaneamente a maioria dos membros da audiência, e têm caráter transitório; o comunicador tende a operar dentro de uma organização complexa que pode envolver grandes despesas. Essas condições têm consequências importantes para as atividades tradicionais que são desempenhadas por comunicadores na sociedade.

Delimitação: comunicação de massa.
Objetivo: apresentar as características da audiência, da mensagem e do comunicador.
Introdução: recentes desenvolvimentos tecnológicos tornaram possível uma nova forma de comunicação humana: a comunicação de massa.
Desenvolvimento: enumeração das características da comunicação em massa.
Conclusão: essas condições têm consequências importantes para as atividades tradicionais que são desempenhadas por comunicadores na sociedade.

Ordenação por contraste

Nesta forma de ordenação, as ideias são organizadas de modo a contrastar dois ou mais elementos em relação a cada ponto de diferença. O plano de desenvolvimento pode seguir uma das formas indicadas na tabela seguinte.

Tabela 5.2. Desenvolvimento por contraste.

Opção 1	Opção 2
Elemento A • Característica 1 • Característica 2	Característica 1 • Elemento A • Elemento B
Elemento B • Característica 1 • Característica 2	Característica 2 • Elemento A • Elemento B

Exemplo (extraído de [SOARES]):

Não se pode imaginar contraste mais violento do que o existente entre as duas regiões. De um lado, a terra escura, pegajosa, úmida, cavada de sulcos ou embebida de água, com árvores frutíferas, mangueiras, laranjeiras, canaviais, rios limosos. De outro lado, um caos de pedras cinzentas cravadas em desordem no chão de argila seca, rachado pelo sol, e vastas extensões de areia ardente. No litoral, a riqueza da vegetação exuberante, de um verde quase negro, com raízes mergulhadas nos pântanos e o cimo muitas vezes coroado de brumas matinais – plantas que arrebentam de seiva, de mel, de perfumes. No sertão, a caatinga, como lhe chamavam os índios, com uma vegetação de cactos, de moitas espinhosas, de ervas raquíticas, amarelas, calcinadas, de árvores com folhas raivosamente eriçadas, transformadas em espinhos ou arestas, de árvores ventrudas que são como odres para reter sob a casca rugosa a maior quantidade possível da mesquinha água da chuva. À paisagem voluptuosa da cana-de-açúcar, em que tudo é tentação de vadiar, de dormir, de sonhar, de amar, opõe-se a esta paisagem dura, angulosa, trágica.

Delimitação: região litorânea *versus* região sertaneja.
Objetivo: apontar as diferenças entre a região litorânea e a região sertaneja.
Introdução: não se pode imaginar contraste mais violento do que o existente entre as duas regiões.
Desenvolvimento:

1. O solo
   - No litoral
   - No sertão
2. A vegetação
   - No litoral
   - No sertão

Conclusão: à paisagem voluptuosa da cana-de-açúcar, em que tudo é tentação de vadiar, de dormir, de sonhar, de amar, opõe-se esta paisagem dura, angulosa, trágica.

Ordenação por causa e consequência

A organização do parágrafo se faz em função das causas e das consequências dos fatos. A relação causa-consequência manifesta-se no parágrafo em três níveis:

- **Entre termos da oração:** aparece nas relações de subordinação entre adjuntos adverbiais e o verbo.
- **Entre orações de um mesmo período:** aparece nas relações de subordinação expressas pelas orações conclusivas e explicativas.
- **Entre períodos de um mesmo parágrafo:** é indicada por expressões que introduzem os períodos.

As expressões mais comuns utilizadas nessa construção são as seguintes:

- **Conclusões:** logo, pois, portanto, por conseguinte, por isso, assim.
- **Explicações:** pois, porquanto, porque, que.
- **Causa:** porque, pois, porquanto, pois que, já que, uma vez que, visto que, visto como, por causa de, em virtude de, em vista de, devido a.
- **Consequência:** que (tal...que, tanto...que, tão...que), de forma que, de maneira que, de modo que, de sorte que, consequentemente, em decorrência de, como consequência de, em conclusão.

Exemplo (extraído de [SOARES]):

> *Quando a imprensa se converte, efetivamente, num autêntico veículo de comunicação de massas nas áreas urbanas, surgem o rádio e a televisão, como consequência do progresso eletrônico, e rapidamente incorporam-se à estrutura da sociedade de consumo massivo. O rádio e a TV surgiram com maiores condições para levar mensagens às grandes massas porque traziam uma característica intrínseca (a oralidade), ampliando o acesso potencial a todos os indivíduos, independentemente dos níveis de alfabetização e educação. Grandes parcelas da massa populacional, no mundo inteiro, sobretudo nas áreas rurais, que se conservavam marginalizadas da cultura, em virtude das características elitizantes da imprensa, passaram a receber informações orais e audiovisuais, respectivamente, através do rádio e da TV. Isso abalou, profundamente, as bases da própria cultura alfabética, linear, criando-se novos padrões culturais.*

Delimitação: veículos de comunicação.
Objetivo: influências da TV e do rádio na cultura no povo.
Introdução: quando a imprensa se converte, efetivamente, em um autêntico veículo de comunicação de massas nas áreas urbanas, surgem o rádio e a televisão, como consequência do progresso eletrônico, e rapidamente incorporam-se à estrutura da sociedade de consumo massivo.
Desenvolvimento: enumeração de causas, fatos e consequências.
Conclusão: isso abalou, profundamente, as bases da própria cultura alfabética, linear, criando-se novos padrões culturais.

Ordenação por explicitação

Nesta forma de ordenação procuramos explicar uma ideia, esclarecer um conceito, justificar uma afirmativa. Isso pode ser atingido de diferentes maneiras:

- **Definição:** anunciar os atributos essenciais do objeto, ser ou conceito, determinando sua extensão ou seus limites. Explicar o que é o elemento, em que consiste, qual o seu significado, indicar sua definição. Nesta abordagem é comum o uso de verbos como "ser", "chamar-se", "denominar-se" e "considerar-se".
- **Exemplificação:** explicar o elemento ou conceito por meio de exemplos que esclarecem o seu sentido.

Exemplo (extraído de [SOARES]):

Poluição do ar é a alteração de composição ou das propriedades de ar atmosférico, produzida por descarga de poluentes ou de outras substâncias, de maneira a torná-lo impróprio ou nocivo à saúde, inconveniente ao bem-estar público, danoso aos materiais e à vida animal e vegetal, prejudicial à segurança, ao uso e gozo da propriedade e das atividades normais da comunidade.

Delimitação: poluição do ar.
Objetivo: descrever a poluição do ar.
Desenvolvimento: definição de poluição do ar.

Ordenação por analogia

Nesta forma de desenvolvimento um elemento é comparado a outro que se supõe que seja bem conhecido, apresentando os pontos de semelhança. É oposta à ordenação por contraste.

As analogias são especialmente úteis quando estamos escrevendo sobre algo demasiado abstrato ou difícil. A analogia é uma comparação (quase sempre com imagens vívidas) usada para clarear o significado de questões complexas. Uma boa analogia deve usar imagens coerentes e familiares ao leitor. Por exemplo, na astronomia as distâncias são muito grandes e abstratas demais para que possam ser entendidas por pessoas comuns. Para que possa ser entendida mais facilmente, uma grandeza como essa poderia ser expressa por meio de uma analogia. Por exemplo:

Marte está 150 vezes mais distante da Terra do que a Lua. Para compreender melhor esta dimensão, seria como se colocássemos uma bola de handebol (a Lua) a um metro de distância de um ponto e uma bola de basquetebol (a Terra) a 150 metros.

Nossas mentes se orientam melhor quando há pontos de apoio. Por exemplo, quando escrevemos que "o hospital faz quarenta transplantes de rins por mês", nos perguntamos: "isso é muito ou pouco?". Precisamos de um parâmetro de referência para julgar. Por exemplo, poderíamos dizer: "no Brasil os melhores hospitais fazem em média trinta transplantes de rins por mês".

Exemplo (extraído de [SOARES]):

> *O processo mediante o qual os seres humanos podem arbitrariamente fazer com que certas coisas representem outras se pode chamar de "processo simbólico". Tal como um "mapa" representa um "território", assim o processo simbólico representa a realidade. E tal como um mapa deve estar em relação ao território que representa, assim o processo simbólico deve estar em relação com a realidade. Por mais belo que seja um mapa, de nada servirá ao viajante se não mostrar exatamente a relação dos lugares entre si e a estrutura do território. Da mesma forma, o processo simbólico de nada servirá ao homem se não for uma representação adequada da realidade que substitui.*

Delimitação: processo simbólico.
Objetivo: descrever o processo simbólico.
Introdução: o processo mediante o qual os seres humanos podem arbitrariamente fazer com que certas coisas representem outras se pode chamar de "processo simbólico".
Desenvolvimento: enumeração de analogias entre o processo simbólico e um mapa.
Conclusão: da mesma forma, o processo simbólico de nada servirá ao homem se não for uma representação adequada da realidade que substitui.

Texto da conclusão

Na conclusão do texto devemos usar orações que recapitulam e resumem o desenvolvimento, assim como orações ou fragmentos de orações que representam, de modo conciso, consequências, implicações e inferências. Nesta parte do texto podemos:

- Reescrever a tese de forma resumida – por exemplo, parafraseando.
- Resumir cada ponto-chave mencionado.
- Somar os pontos, apresentando uma conclusão (uma indução).
- Chamar o leitor para a ação, talvez através de uma recomendação de como continuar a pesquisa.

Como tornar o texto mais interessante

Existem algumas técnicas que tornam o texto mais agradável de ler. Por exemplo, a forma como usamos os verbos, a redução do comprimento das orações e parágrafos, a supressão de advérbios e outros conectores, o uso de voz passiva e ativa, de expressões impessoais, de adjetivos, de perguntas e por meio da supressão de negações. A seguir, apresentamos os detalhes de como essas técnicas podem ser usadas, conforme descrito em [SALAS].

Uso de verbos

Algumas pessoas têm o hábito de descrever ações por meio de substantivos e não verbos. Por exemplo, a oração "Paralisado pelo medo, o caçador temia que o felino saltasse sobre ele", se fosse escrita com substantivos ficaria da seguinte forma: "com a paralisia do medo, o temor do caçador era o salto do felino". As palavras "paralisado", "temer" e "saltar" têm muito mais energia que "paralisia", "temor" e "salto", que são mais abstratas.

Tamanho das frases e parágrafos

Quanto mais longa uma oração, mais difícil é compreendê-la. Uma abordagem que torna as orações mais elegantes é encurtá-las, substituindo conjunções (e, pois, mas, enquanto, contudo, porém, etc.) por pontos. Por exemplo, a oração "O motociclista brasileiro é bom no estilo livre, enquanto o argentino é bom no circuito fechado" seria convertida para "O motociclista brasileiro é bom no estilo livre. O argentino é bom no circuito fechado". Na era da internet os leitores são mais impacientes. Apreciam as frases curtas.

Ao reduzir o tamanho das frases e encurtar os parágrafos, garantimos que o texto seja compreendido com maior facilidade. Quanto mais longa a oração ou parágrafo, maior será o risco de que o leitor perca a noção de quem é o sujeito e de qual é sua ação principal.

Conforme [SALAS], os bons escritores de contos, novelas, reportagens e artigos usam uma técnica para combinar frases longas e curtas. Eles criam um efeito que impacta a memória no leitor – eles usam frases mais longas no início do texto e mais curtas no final e nos trechos de ação. As frases curtas seguram a atenção do leitor, passam um senso de urgência, velocidade e movimento. Por exemplo, ao escrever uma história (ver capítulo "Histórias"), podemos usar frases longas no início, quando estamos apresentando o ambiente da história e seus protagonistas. Na crise central e no clímax devemos usar frases curtas, para passar a sensação de urgência, velocidade, mudança, etc. – como ocorre, por exemplo, em uma cena de luta ou perseguição.

Supressão de advérbios e conectores

Outra técnica é suprimir os advérbios: frequentemente, logo, já, hoje em dia, mensalmente, atualmente, periodicamente, etc. Nós usamos esses advérbios de tempo para situar o leitor quanto a um fato que ocorre em um determinado lapso de tempo. Porém, na maioria dos casos eles são desnecessários, pois o tempo verbal vai nos informar se estamos falando de hoje, de ontem ou de amanhã. Quando o verbo é conjugado corretamente, os advérbios podem ser descartados. Por exemplo, a oração "uma boa governança é um tema frequentemente discutido nas reuniões" sem o advérbio ficaria: "uma boa governança é um tema discutido nas reuniões". Também é comum que algumas pessoas comecem uma frase com um advérbio temporal: atualmente, hoje em dia, nos dias de hoje, etc. Na maior parte das vezes esses advérbios são inúteis.

Existem palavras que funcionam como ligação entre dois parágrafos ou entre uma frase e outra. Por exemplo: de fato, no entanto, contudo, paralelamente, por outro lado, mesmo assim, ainda assim, consequentemente, por exemplo, em resumo, por isso, apesar disso, por outro lado, etc. Muitas vezes esses conectores também podem ser eliminados sem prejuízo para a compreensão do texto, tornando-o mais curto e elegante.

Uso da voz passiva e ativa

O uso errado da voz passiva também tira a elegância do texto. Por exemplo, se vamos escrever sobre Albert Einstein, deveríamos começar o texto com "Einstein desenvolveu a teoria da relatividade" em vez de "a teoria da relatividade foi desenvolvida por Einstein". A segunda construção seria a melhor se o objetivo do nosso texto fosse descrever a teoria da relatividade. A forma como escrevemos deve indicar se estamos falando da "coisa" ou do seu "criador".

Uso de expressões impessoais

Quando os políticos estão em campanha eleitoral eles usam verbos de ação e proclamam: nós inauguramos, nós aprovamos, nós fizemos... depois das eleições, quando precisam comunicar notícias impopulares, como subir impostos ou baixar salários, então eles passam a usar expressões impessoais, como: os impostos foram aumentados, as aposentadorias foram corrigidas, funcionários foram demitidos, etc.

As pessoas usam expressões impessoais para colocar a culpa pelas más notícias em um ser invisível. É importante ter em mente que sempre há um sujeito por trás de qualquer ação. O texto fica mais elegante e fácil de entender quando o sujeito aparece na oração, de preferência conjugado na primeira pessoa (eu ou nós).

Uso de adjetivos

Os adjetivos revelam a opinião, os preconceitos e os julgamentos de valor do autor. Por isso é muito importante termos cautela na escolha do adjetivo mais adequado em cada situação. Caso contrário, poderemos arruinar nosso argumento. Quando o leitor percebe um desequilíbrio entre os adjetivos usados e o contexto, ele deduzirá que o autor se deixou levar pela paixão, ou é demasiado poético, ou um mentiroso.

Uso de perguntas

Quando discursamos por um longo período de tempo, nossa fala acaba por produzir no ouvinte a sensação de cansaço, o que causa desatenção. Para aumentar o grau de interesse e evitar esse problema, podemos intercalar perguntas em nossa apresentação: "o que você pensa?", "o que acha que aconteceu?", "isso lhe parece óbvio?".

O mesmo ocorre com os textos escritos. Podemos converter enunciados afirmativos em perguntas a cada dois ou três parágrafos. Por exemplo, no lugar de escrever "para chegar a esta conclusão", poderíamos escrever "como chegamos a esta conclusão?". Caso você pense que o uso exagerado de perguntas possa soar deselegante, considere as seguintes alternativas:

- Muitos se perguntam como chegamos a esta conclusão.
- Podemos questionar como chegamos a esta conclusão.

As perguntas permitem que façamos transições entre os parágrafos de forma suave e imperceptível. Vejamos o exemplo apresentado por [SALAS]:

> *Seguindo meus cursos e todas as suas etapas, você vai acabar ganhando bem mais do que isso. Tenho certeza de que você vai aproveitar a renda extra. Então, como começar?*
>
> *Primeiramente, você deve se cadastrar (gratuitamente) em meu site, preenchendo o formulário nesta página. Isso dará acesso a todo o conteúdo do site.*

Suprimir as negações

As negativas são necessárias para escrever, mas devem ser usadas com cautela. As frases negativas são mais difíceis de entender, em especial em certas construções. Por exemplo, a expressão "não posso não ir" é mais difícil de entender do que "preciso ir". Devemos usar expressões de negação quando queremos negar ou contradizer algo com ênfase. Por exemplo: "os argumentos de João para sustentar que há vida em Marte não têm rigor científico".

5.2 Sínteses e resumos

Sintetizar implica abreviar, ou seja, expor um assunto de forma sucinta. Uma síntese pode ser construída por meio de um resumo, e há dois tipos dele: um elaborado para estudarmos (por exemplo, para uma prova ou teste), que é organizado na forma de um "resumo esquema", e outro escrito como uma redação, uma síntese do texto original.

O resumo do tipo redação é desenvolvido por meio de um texto normal. No "resumo esquema" o texto resumido é organizado por meio de uma lista endentada, normalmente numerada, na qual usamos um item para cada ideia. Para enumerar podemos usar letras (a, b, c) ou números (1, 2, 3 ou I, II, III). Esse tipo de resumo normalmente é usado quando queremos sintetizar um texto para estudá-lo posteriormente para um teste, por exemplo. Outra abordagem seria o resumo por meio de um mapa mental. Suas principais características são:

- Destaca os principais títulos e subtítulos do texto original.
- Destaca as ideias principais sem explicações excessivas.
- Os parágrafos são organizados em uma lista numerada.
- As ideias são apresentadas na forma de anotações e não por meio de sentenças completas – isso facilita a memorização.
- Normalmente é usado para resumir textos longos.

Em ambos os tipos de resumo, esquema ou redação, aplicamos as regras descritas a seguir na sua construção. Ao resumir, nossos interesses pessoais e nossa experiência prévia no assunto são fundamentais. Quando resumimos para nós mesmos, podemos suprimir alguns conceitos e fatos, pois estarão subentendidos, são dados como certos e, por serem óbvios, não precisam ser detalhados ou explicados. Quando resumimos um texto para ser lido por outras pessoas, precisamos adicionar uma quantidade maior de detalhes, que podem não fazer parte do repertório intelectual desses leitores.

Como resumir

Segundo [DIJIK], há um conjunto de operações básicas para elaboração de resumos. São elas:

- **Omissão.** Esta regra implica em omitir informações sem importância, que não sejam essenciais para o entendimento do texto fonte (que está sendo resumido). Uma informação poderá ser omitida se sua exclusão não prejudicar a compreensão do tema central. Por exemplo, podem ser omitidos exemplos e fatos secundários.
- **Generalização.** Generalizar também implica em suprimir informações, mas neste caso as proposições suprimidas são substituídas por outra mais genérica – a partir de um texto que sofreu generalização não se pode recuperar a proposição original (que foi substituída). Por exemplo, a proposição "João, Pedro e Marcos fizeram os gols do time A contra o time B" pode ser generalizada por "o time A ganhou do time B por 3 a 0".
- **Construção.** Esta regra, que também é conhecida como integração ou globalização, implica em substituir uma ou mais proposições por uma sentença que sintetiza a informação. Por exemplo, a proposição "Maria saiu de casa, foi ao ponto de ônibus, pegou o ônibus, foi até o centro da cidade, caminhou por duas quadras e entrou no prédio onde está localizado seu escritório" poderia ser substituída por "Maria foi trabalhar".

O processo de desenvolvimento de um resumo segue uma sequência de passos. Começa com a leitura do texto fonte, depois a marcação das ideias centrais, a redação do resumo e, finalmente, a revisão do texto final. Esses passos são descritos a seguir:

Passo 1 – Entendimento do contexto

Antes de ler algo, convém ter em conta o "contexto", para decidir se vale a pena fazer o investimento ou não. O contexto é capturado a partir da leitura dos dados informativos daquilo que se vai resumir. A partir dos dados dessa leitura podemos fazer suposições sobre o tema, obter dados sobre o autor, saber qual é o tipo de texto, relacioná-lo com informações que já conhecemos, dentre outros aspectos importantes.

Passo 2 – Leitura de varredura

Entendido o contexto, o próximo passo é ler o texto original. É aconselhável dividi-lo em seções, de modo que cada parte possa ser resumida individualmente, facilitando o trabalho como um todo. Se o texto for composto por vários capítulos, cada seção pode ser composta por um único capítulo. Se não houver divisão em capítulos, cada seção pode corresponder a um ou mais parágrafos. Se o texto for composto por um único parágrafo, então cada seção será composta por uma ou mais frases. Normalmente é realizada uma primeira leitura para decidir qual seria a melhor estratégia de divisão do texto. A varredura tem a mesma função da pré-leitura de um capítulo específico, conforme descrito no capítulo "Leitura de Livros, Marcações e Anotações".

Passo 3 – Leitura completa e marcação do texto

O próximo passo é fazer a leitura completa, uma seção de cada vez, e destacando os pontos-chave (com pincel marca-texto, lápis, etc.) para elaboração do resumo. Não devemos marcar parágrafos inteiros, mas deixar de lado as palavras pouco importantes e as redundâncias, dentre outras partes descartáveis. Ver o tópico "Como fazer marcações" no capítulo "Leitura de Livros, Marcações e Anotações".

Durante a leitura devemos buscar expressões que resumam uma parte inteira do texto, pois estas facilitam a construção do resumo. Muitas vezes, após longos parágrafos, o autor nos dá pistas por meio de expressões como "resumindo", "como dito", "em resumo", dentre outras. Tais termos indicam que na sequência virá um resumo do que foi dito anteriormente. Esses trechos devem ser destacados de alguma maneira – por exemplo, com um traço vertical ao lado do parágrafo ou por meio de um quadro em torno do parágrafo.

Também é importante saber quem está falando no texto, ou seja, o sujeito. Pode ser uma pessoa, um grupo, um processo, o estado ou governo, uma situação. Isso é importante porque, em um texto, podem ser apresentados diversos pontos de vista – do autor e de outras pessoas. No resumo devemos indicar de quem são as opiniões e as ideias.

Passo 4 – Releitura e remarcação do texto

Depois deve ser realizada mais uma leitura do texto fonte, com foco apenas no texto marcado. O objetivo é detectar os termos-chave (ou conceitos-chave) que compõem a estrutura central do texto. Estes devem ser marcados com um círculo a lápis ou com caneta marca-texto. Posteriormente, ao escrever o resumo, teremos uma identificação visual com três elementos-chave:

- **A lápis:** termos base para o resumo.
- **Com caneta marca-texto:** conteúdo do resumo.
- **Texto não marcado:** será descartado.

Passo 5 – Desenvolvimento da redação

O resumo deve ser elaborado em duas etapas. Na primeira resume-se uma seção de cada vez, conforme planejado no passo 1. Depois elabora-se uma versão final, conectando os resumos das seções por meio de termos como: "logo", "também", "consequentemente", "assim sendo", etc. Na versão final é importante que as ideias pareçam fluir e que estejam conectadas de forma coerente. Nesse processo pode ser necessário reorganizar algumas partes do texto.

Ao desenvolver uma redação para resumir algo, os seguintes princípios devem ser observados:

- Não copiar parágrafos. Ler o texto destacado e elaborar uma redação que seja clara, simples, breve, precisa e completa – tudo usando nossas próprias palavras.
- Não focar na beleza poética, mas na clarldade, brevldade e completude do texto.
- Manter a estrutura do texto original, respeitando os títulos e subtítulos usados pelo autor – isso facilita a comparação com o texto base.
- Elaborar frases e parágrafos curtos e objetivos, buscando abordar uma única ideia por parágrafo, por exemplo: narrar algum fato ou acontecimento; descrever algo ou apresentar características de objetos; explicar algo com o objetivo de responder a uma pergunta ou apresentar uma resposta para um problema; descrever causas e consequências; argumentar; comunicar um ponto de vista sobre um acontecimento.

As seguintes ferramentas podem ser úteis no momento de escrever o resumo:

- Usar sinônimos para evitar repetições, mas tomando cuidado com a ambiguidade.
- Usar exemplos ou fazer analogias para esclarecer conceitos complexos.
- Organizar ideias importantes por meio de enumeração, listas e tabelas.

- Usar letras maiúsculas e sublinhado para destacar trechos e conceitos-chave. Assim é possível fazer uma leitura rápida somente desses trechos.
- Usar os recursos de citações, referências bibliográficas e notas de rodapé.

Outro fator importante é o entendimento da estratégia usada pelo autor para apresentar suas ideias. Ele pode apresentar seus argumentos como algo indiscutível, com aparente objetividade e sem questionamento, de modo que o ponto de vista do autor não apareça no texto. Contudo, por trás dessa objetividade normalmente está mascarada uma interpretação da realidade, como se esta fosse a única verdade. Outra abordagem é o autor discutir seu ponto de vista sobre um tema. Ele apresentará argumentos contra e favor de sua posição e a opinião de outros autores. Finalmente, o autor pode estar questionando um tema conhecido. Ele destacará que o conhecimento atual é insuficiente ou incompleto e defenderá outra posição, que considera superior. Seja qual for, a estratégia de argumentação usada pelo autor deve ser mantida no resumo.

Passo 6 – Revisão

Depois de concluído o resumo, devemos verificar se todos os pontos principais foram incluídos, assim como os detalhes mais relevantes. Também é necessário verificar se as ideias fluem e estão organizadas de forma coerente. Podemos fazer isso questionando se o texto resumido fará sentido para alguém que não leu o texto original. Caso alguma parte tenha sido copiada literalmente, precisamos destacar esse fato, usando os recursos para indicar uma citação.

Seguem as principais características de um bom resumo:

- **Deve ser curto e conciso:** somente as ideias principais devem ser registradas no resumo, as demais devem ser descartadas. Normalmente um resumo tem até um quarto do tamanho do texto original.
- **Deve ser abrangente:** todas as ideias principais devem ser registradas de forma fiel ao texto original.
- **Precisa ser coerente:** deve ser claro e fácil de ler, com ideias conectadas de forma coerente.
- **Deve ser objetivo:** não pode incluir nossas opiniões, somente as ideias do autor expressas no texto original.
- **Deve haver uma citação:** devemos informar no resumo as referências bibliográficas do texto original, como nome do livro e do autor, números das páginas resumidas, dentre outros dados relevantes.

1 - Entender contexto

- Pré-leitura (capa, contracapa, orelhas, etc.)
- Decidir se vale a pena ler o material

2 - Fazer leitura de varredura

- Pré-leitura (capítulos e subcapítulos)
- Dividir em seções

3 - Fazer leitura completa e marcações

- Leitura analítica
- Inserir marcações dos trechos principais (marca texto)
- Marcar partes do texto que resumem um trecho anterior

4 - Fazer releitura e novas marcações

- Leitura analítica das seções marcadas
- Destacar palavras-chave (círculos)
- Revisar marcações

5 - Desenvolver a redação

- Criar um resumo para cada seção
- Juntar os resumos de cada seção

6 - Revisar

- Confirmar inclusão dos pontos principais
- Verificar estrutura - respeitar estrutura do texto original

Figura 5.2. Sequência dos passos para resumir um texto.

5.3 Textos argumentativos

Textos argumentativos têm como finalidade defender ou atacar uma questão, hipótese ou tese. Argumentos são usados para expor os pontos que sustentam a tese ou para demonstrar suas fraquezas e incoerências. Não se trata simplesmente de uma declaração de nossa opinião, é uma tentativa de apoiar a nossa posição com razões. Um texto assim normalmente é composto por um silogismo, com vários argumentos interconectados e premissas que levam a uma conclusão, que é a premissa do argumento seguinte, e assim sucessivamente.

Na introdução, devemos expressar a nossa tese em uma ou duas frases logo no primeiro parágrafo. A introdução deve afirmar a conclusão que buscamos provar. O argumento que vamos desenvolver no texto deve oferecer um conjunto de razões ou evidências para apoiar a conclusão ou tese. Vejamos o exemplo extraído do livro "Deus não está morto", de Rice Broocks:

> *Será que a questão de Deus pode ser solucionada por evidências científicas? Neste livro, mostro que pode e que já foi a favor de Deus. Mas a evidência é sutil, e a nova ciência, dentro do primado da consciência, que proporciona o contexto para a evidência científica, baseia-se na ideia da física quântica que, para muitos, ainda equivale a falar grego, e por isso a mensagem demora a penetrar nas consciências científica e popular.*

O corpo do texto deve conter os detalhes e exemplos (evidências) que apoiam a conclusão do nosso ensaio. Cada argumento que oferecermos em apoio à tese deve ser desenvolvido em um ou mais parágrafos separados, usando a estrutura "conclusão – premissas" e as demais regras apresentadas no capítulo "Pensamento Crítico e Argumentação". Também podemos apresentar exemplos e fazer analogias. Caso necessário, podemos buscar referências em autoridades, com suas respectivas citações de fontes.

Se o texto for muito longo, pode ser necessário apresentar um "mapa" ao leitor, que mostre onde ele está e quais são os próximos elementos a serem abordados.

Os argumentos devem ser desenvolvidos um de cada vez. À medida que os desenvolvemos, precisamos imaginar que estamos tentando convencer um leitor cético. Precisamos nos questionar: "como ele ou ela pode argumentar contra as reivindicações que estamos fazendo?". Não podemos deixar de abordar os possíveis contra-argumentos mais fortes.

> *Apresento, aqui, dois tipos de evidência científica para a existência de Deus. O primeiro tipo de evidência científica para a existência de Deus é o que chamo "as assinaturas quânticas do divino". A física quântica nos oferece novos aspectos da realidade... O segundo tipo de evidência científica para a existência de Deus envolve aquilo que as religiões chamam domínios sutis da realidade. É fácil rotular este tipo de evidência como algo pertencente a problemas impossíveis, que exigem soluções impossíveis (do ponto de vista materialista, é claro).*

Na conclusão deve ser apresentado um resumo da tese e da análise desenvolvida na introdução e no corpo do texto. Aqui deve ser feito um último esforço para convencer o leitor de que a tese está clara e tem uma conclusão confiável, com argumentos de apoio eficazes. Não podemos concluir ideias que não tenham sido defendidas no texto. A conclusão deve ser mais ou menos do mesmo comprimento que a introdução. Para melhorar nossas chances de sucesso, não podemos perder tempo com textos retóricos e "floridos", precisamos ir direto ao assunto. Caso contrário, existe a chance de confundirmos o leitor e diminuirmos a credibilidade do nosso trabalho.

O livro "Deus não está morto" é um bom exemplo de texto argumentativo. Segundo o autor, os ateus decretaram a morte de Deus pela intelectualidade, porém milhões de pessoas atestam e reafirmam sua existência diariamente. Neste livro o autor busca mostrar a realidade da existência de Deus. Rice apresenta uma série de argumentos usados pelos ateus para demonstrar que Deus não existe. Depois, um a um, destaca as falácias, os erros de lógica, as inferências, as deduções incorretas e a fraqueza das premissas usadas por eles. Finalmente, ele coloca os seus argumentos, de forma muito bem estruturada, para defender a existência de Deus. O autor organizou o livro em vários capítulos, todos seguindo essa mesma abordagem, cada um com foco em um tema diferente: fé racional, o bem *versus* o mal, a criação, a origem da vida, o propósito da vida, a ressurreição, as escrituras sagradas, as provas vivas da existência de Deus e a busca por Deus.

5.4 Resumindo

Existem algumas regras gerais para desenvolvimento de redações. Elas podem ser compostas por um ou mais parágrafos, organizados em três partes: introdução, desenvolvimento e conclusão. Na introdução delimitamos o assunto abordado e definimos o objetivo do texto. No desenvolvimento, nos aprofundamos na ideia central seguindo o objetivo definido. E, por fim, na conclusão, resumimos as ideias trabalhadas no desenvolvimento e reafirmamos nosso objetivo.

Precisamos adotar explicitamente uma estratégia de organização das nossas ideias ao fazer o desenvolvimento. Podemos escolher uma ou mais das seguintes abordagens: ordenação por tempo e espaço, ordenação por enumeração, ordenação por contraste, ordenação por causa e consequência, ordenação por explicitação, ordenação por analogia. Ao escrever os parágrafos podemos aplicar algumas técnicas que tornam o texto mais agradável de ler: uso coerente do tempo dos verbos, redução do comprimento das orações e parágrafos, supressão de advérbios e outros conectores, uso de voz passiva e ativa, uso de expressões impessoais, uso de adjetivos, uso de perguntas, supressão das negações.

Algumas redações podem ter como finalidade argumentar sobre alguma questão, hipótese ou tese. Os argumentos podem ser usados tanto para defender como para criticar o assunto abordado. Um argumento não é simplesmente uma declaração de nossa opinião; argumentação é uma tentativa de apoiar a nossa posição com razões. Esta é a posição que iremos abordar em nosso texto, por meio de argumentos.

As redações contribuem para o processo de consolidação do conhecimento pois nos leva a raciocinar para organizar as ideias, pesquisar e criticar informações, selecionar estratégias para escrita, desenvolver argumentos, etc. Também são úteis para o compartilhamento, uma vez que podemos levar novo conhecimento para outras pessoas.

Algumas vezes a redação pode ser o resumo de um texto maior, um artigo ou livro, por exemplo. O resumo é uma síntese do texto, considerando apenas os pontos principais apresentados pelo autor. Como o texto final deve ser curto e conciso, há um esforço de entendimento para que somente as ideias principais sejam registradas. O esforço de reconstrução do texto com nossas próprias palavras é um excelente meio de consolidação do conhecimento.

Dominar a arte da escrita exige prática e dedicação, não existem fórmulas mágicas: o exercício contínuo, aliado à leitura de bons textos (para aquisição de um repertório de conhecimento), e a reflexão (para consolidação do conhecimento) são indispensáveis para a criação de um material de qualidade (para compartilhamento do conhecimento).

6
Imagens, Gráficos e Desenho de Ideias

Ferramentas para articular e compartilhar ideias por meio de desenhos rudimentares, como homens palito, círculos, quadrados, setas, triângulos, dentre outros. Trata-se de um método eficiente para consolidação e compartilhamento de ideias proposto por Dan Roam.

O pensamento visual aproveita nossa habilidade inata de visão e imaginação para descobrir, desenvolver e compartilhar novas ideias com outras pessoas. Trata-se de um jeito diferente de olhar e discutir um assunto, podendo ser usado em reuniões, argumentação, histórias, dentre outros contextos.

Segundo [ROAM1], as pessoas se engajam muito mais numa discussão feita com base em desenhos rudimentares feitos a mão do que quando os desenhos são feitos por computador. Desenhos feitos a mão são fáceis e rápidos de se fazer e de se modificar, sem contar que encorajam a certo grau de tentativa e erro, que é típico no processo criativo. À medida que desenhamos um esboço, convidamos outras pessoas a participarem com sugestões e comentários.

Conforme proposto por Dan Roam, em "The Back of the Napkin (Expanded Edition): Solving Problems and Selling Ideas with Pictures" ([ROAM1]), o pensamento visual é composto de quatro passos básicos, que já conhecemos e (em certa medida) os praticamos naturalmente, mas de forma inconsciente. Quando tomamos consciência da existência desses passos, podemos praticá-los de forma sistemática e melhorar nossos resultados. Esses quatro passos do pensamento estão ilustrados na tabela seguinte.

Tabela 6.1. Etapas do pensamento criativo (adaptado de [ROAM1]).

<table>
<tr><td>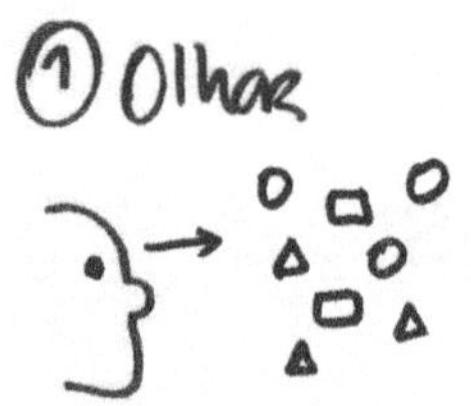</td><td>Olhar – Trata-se da aquisição de conhecimento, de coletar informações, focando naquilo que é importante e descartando todo o resto.<ul><li>O que existe de evidências?</li><li>O que estou olhando?</li><li>Quais são os limites?</li><li>Como está organizado?</li></ul></td></tr>
<tr><td></td><td>Ver – Também está associado à aquisição de conhecimento. Consiste em reconhecer os padrões que emergirem, selecionar aqueles que forem relevantes e agrupar os detalhes de forma coesa e coerente.<ul><li>O que estou vendo?</li><li>Já vi isso antes?</li><li>Existe algum padrão nisso?</li><li>Como está organizado?</li><li>Está faltando algo?</li></ul></td></tr>
<tr><td></td><td>Imaginar – Usar os "olhos da mente" para visualizar o que não está presente e desenvolver ideias para a questão apresentada. Está associado à consolidação de conhecimento.<ul><li>Como poderia manipular estes padrões?</li><li>Posso preencher as lacunas?</li><li>Já vi o suficiente ou preciso mais?</li></ul></td></tr>
<tr><td></td><td>Mostrar – Finalmente, esta etapa diz respeito ao compartilhamento do conhecimento. Consiste em mostrar aos outros, por meio de desenhos, aquilo que imaginamos.<ul><li>Isso é o que vi e isso é o que penso que significa...</li><li>Isso é o que eu esperava?</li><li>Quando você olha para isso, você vê a mesma coisa?</li></ul></td></tr>
</table>

Uma situação ou problema pode ser analisado e discutido com base em diferentes pontos de vista: quem, o que, quanto, onde, quando, como e por quê. Os pontos de vista que usaremos serão determinados em função do nosso objetivo. Por exemplo:

- Sou um gerente de projetos e preciso discutir com minha equipe uma estratégia para garantirmos que vamos entregar o projeto em três meses.
- Trabalho em pré-vendas e preciso convencer o cliente sobre algumas alternativas para solucionar o problema descrito por ele.

- Sou gerente do RH, vou realizar um corte de pessoal e preciso comunicar aos colaboradores.

6.1 Como adquirir conhecimentos (olhar e ver)

Olhar implica em melhorar a forma como vemos o mundo ao nosso redor ([ROAM1] e [ROAM2]). Inclui varrer o ambiente e construir uma visão abrangente do que está se passando. Existem algumas boas práticas que podem nos ajudar a melhorar nossas habilidades de olhar. A primeira consiste em coletar o maior volume possível de informações pertinentes ao problema em questão. Depois espalhamos as informações em frente aos nossos olhos e buscamos estabelecer um critério de análise que seja coerente – algumas vezes podemos estar buscando por quantidades, em outras pela evolução no tempo.

Para resolver um problema que nos é apresentado, precisamos entender o que estamos de fato vendo. Para isso, precisamos decompor os elementos do problema em partes menores. Depois construímos um modelo mental que nos ajude a entender as conexões que existem entre todos esses elementos. O sistema proposto em [ROAM1] envolve analisar as seguintes questões: o que ou quem está envolvido? Quanto isso custa, produz, etc.? Quando as coisas aconteceram ou vão acontecer? Onde as coisas estão ou como se relacionam? Como faremos? Por que as coisas estão acontecendo dessa forma? Agora que temos um foco para enxergar o que queremos, a próxima tarefa do trabalho consiste em triar o material coletado, descartando tudo que não estiver associado ao nosso foco de análise.

Depois que conseguimos "olhar" algo, passamos para a etapa seguinte, que é "ver". Ver está associado ao processo de selecionar o que é importante para nosso objetivo – por exemplo, resolver um problema ou explorar uma oportunidade. A tabela seguinte indica as diferentes maneiras de vermos, sugeridas em [ROAM1].

Tabela 6.2. Maneiras de ver (imagens extraídas de [ROAM1]).

	**O que/Quem** Podemos ver os elementos (objetos, pessoas, conceitos, etc.) – "o que" e "quem" está presente na situação analisada.
	**Quanto** Fazemos comparações entre tamanhos, volumes e quantidades. Podemos ver quantidades e agrupamentos de elementos – "quantas" coisas estão presentes na situação.

Tabela 6.2. Maneiras de ver (imagens extraídas de [ROAM1]).

	**Onde** Podemos ver a posição espacial dos elementos ou conceitos uns em relação aos outros. Não nos preocupamos com a identidade das coisas (o que/quem), mas com suas posições.
	**Quando** Ao avaliar o "quando", percebemos o tempo passar por meio das mudanças em qualidade, quantidade e posição dos elementos em nosso campo de visão. Primeiro percebemos os elementos (o que/quem) e notamos mudanças em suas qualidades (cor, tamanho, forma, etc.), depois nas quantidades (quanto) e, finalmente, em suas posições (onde).
	**Como** Neste ponto de vista, nosso cérebro consolida todos os pontos de vista anteriores e começa a perceber as relações de causa e efeito. À medida que avaliamos o "que/quem" interagindo e mudando com o passar do tempo, é possível construir modelos de causa e efeito que explicam "como" as coisas funcionam ou acontecem.
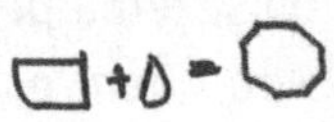	**Por que** Podemos ver uma interação complexa entre diferentes objetos, que demonstram o "por quê" de uma situação, por meio da avaliação do correlacionamento entre diferentes variáveis. O ponto de vista do "por quê" é uma combinação de todos os pontos de vista anteriores, de modo a nos permitir tirar conclusões com base naquilo que vemos.

Dada uma situação, começamos com uma visualização em alto nível, para capturar a dimensão do todo. Depois a decompomos em partes menores, resumidas na figura seguinte, para que possamos entender os detalhes: o que/quem, quanto, onde, quando, como e por quê.

Figura 6.1. Pontos de vista do método criado por Dan Roam.

6.2 Como consolidar conhecimentos (imaginar)

A etapa "imaginar" está associada à manipulação do material coletado, filtrado e organizado na etapa anterior. Quando imaginamos, vemos coisas que não estão fisicamente presentes nas fontes coletadas – nós as vemos em nossa mente.

Avaliamos a situação de diferentes pontos de vista (o que/quem, quanto, onde, quando, como e por quê), identificamos qual é a questão primária e, a partir dela, pensamos em alternativas para chegar ao nosso objetivo. Podemos desenhar nossas considerações e ideias para consolidar o raciocínio e produzir novo conhecimento.

Quando não sabemos qual é a questão primária, devemos começar desenhando cada um dos pontos de vista. Começamos com "o que/quem" estão envolvidos. Depois avançamos para as quantidades (talvez por meio de um gráfico). A seguir elaboramos um mapa para analisar "onde" cada coisa está em relação às outras. Depois, uma linha do tempo para analisarmos "quando" essas coisas interagem ou mudam com o passar do tempo e, em seguida, desenvolvemos um fluxograma para avaliar "como" essas interações acontecem. Ao final vamos ver o problema emergir de forma clara o suficiente para entendermos qual é a questão primária ([ROAM2]). Assim podemos usar os desenhos para perceber qual é a natureza do problema proposto, identificando os elementos necessários para imaginar soluções ou alternativas.

Em [ROAM1], [ROAM2] e [ROAM3] é proposto o uso de um instrumento chamado SQVID para ajustar nossa imaginação em função dos objetivos que pretendemos atingir. Trata-se de um mnemônico de palavras em inglês, composto pelas letras S-Q-V-I-D, com cada letra correspondendo a algo sobre o qual devemos nos perguntar para ajustar nosso raciocínio:

- (S) *Simple/Complex* – Simples *versus* complexo.
- (Q) *Quantity/Quality* – Quantidade *versus* qualidade.
- (V) *Visionary/Execution* – Visão *versus* execução.
- (I) *Individual/Group of samples* – Individual *versus* grupo.
- (D) *Dwell/Present* – Futuro *versus* presente.

Esses objetivos funcionam como seletores, conforme mostrado na figura seguinte. Durante o processo de imaginação, ao desenvolver uma ideia, precisamos refletir sobre as seguintes questões:

- É mais conveniente uma solução <u>simples</u> ou <u>elaborada</u>?
- É mais conveniente focar na <u>qualidade</u> ou na <u>quantidade</u>?

- O que é mais importante saber e compartilhar: a visão sobre o futuro ou um plano de execução para chegarmos lá?
- Seria mais interessante avaliar este elemento individualmente ou compará-lo com outros?
- Devo abordar sobre como minha ideia poderia levar a uma mudança ou sobre como ela manteria o status quo?

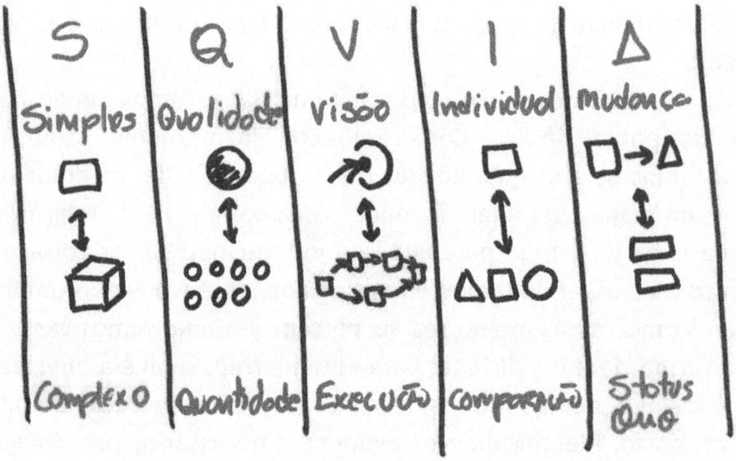

Figura 6.2. Objetivos para ajustar a mensagem como proposto por Dan Roam.

Ao desenvolver uma ideia, precisamos levar em conta nossos objetivos e os objetivos dos nossos interlocutores. Por exemplo: normalmente pessoas que ocupam uma posição de liderança, como presidentes e diretores de empresas, preferem que uma ideia seja apresentada de forma visionária e simples. Por outro lado, pessoas responsáveis pela execução de tarefas ficam mais confortáveis com visões orientadas para execução e mais complexas (já que possuem conhecimento técnico profundo sobre o assunto). Logo, para acharmos as respostas para essas perguntas, precisamos considerar:

- **Simples *versus* complexo:** tomar em conta o nível de conhecimento dos nossos interlocutores e sua familiaridade com o assunto em questão. Se tiverem conhecimento profundo sobre determinado assunto, certamente irão preferir visualizar todos os detalhes pertinentes, ou seja, uma abordagem complexa.
- **Quantidade *versus* qualidade:** decidir entre preparar um desenho com foco em demonstrar dados mensuráveis ou então explorar as qualidades (forma,

cor, tamanho, etc.) de algo. As qualidades nos permitem desenvolver um sentimento visceral sobre algo, enquanto uma análise quantitativa nos permite medi-lo. Para mostrar uma ideia através de números, podemos usar um gráfico; para explorar as emoções, mostramos um retrato.

- **Visão *versus* execução:** algumas vezes precisamos mostrar uma visão de futuro, para inspirar e obter alinhamento das pessoas. Outras vezes precisamos mostrar o que as pessoas precisam fazer para que cheguem aonde desejamos. Podemos apresentar a visão – um alvo a ser perseguido – por meio de um retrato ou mapa, por exemplo. Ou podemos mostrar os passos para que cheguem ao objetivo estabelecido – por exemplo, por meio de um plano detalhado de execução.
- **Individual *versus* comparação/grupo:** avaliar se seria mais conveniente focar nas características de um único indivíduo ou nas características gerais de uma população. Algumas vezes pode ser mais conveniente dar um *zoom* em um elemento específico, outras vezes comparar os elementos de um grupo ou mostrar como eles se comportam uns em relação aos outros (destacar similaridades e diferenças).
- **Mudança *versus status quo*:** abordar a situação como ela está no presente (*status quo*) ou discutir como a situação poderia ou deveria ser (mudança). Desenhos do *status quo* nos mostram onde estamos agora, nos ajudam a entender nossa posição e as forças que nos influenciam. Outra alternativa é considerar a visão de futuro e desenhar os aspectos que precisamos mudar para atingirmos nossos objetivos.

Ao elaborar um desenho precisamos avaliar nossa plateia e responder a essas cinco perguntas. Por exemplo, normalmente quando um CEO avalia um problema cuja solução ele precisa compartilhar com vários funcionários, normalmente ele considera uma solução que seja simples, qualitativa, visionária, comparativa e com foco na mudança. Veja na tabela a seguir outras possibilidades para cada tipo de público numa empresa (extraído de [ROAM3]).

Tabela 6.3. Possíveis focos de diferentes públicos ao praticar o pensamento visual.

	CEO	Diretor	Gerente de projetos	Analista financeiro	Operário
Simples *versus* complexo	Simples	Simples	Complexo	Complexo	Simples
Quantidade *versus* qualidade	Qualidade	Quantidade	Quantidade	Quantidade	Quantidade

Tabela 6.3. Possíveis focos de diferentes públicos ao praticar o pensamento visual.

	CEO	Diretor	Gerente de projetos	Analista financeiro	Operário
Visão *versus* execução	Visão	Visão	Execução	Execução	Execução
Individual *versus* comparação	Individual	Individual	Comparação	Comparação	Individual
Mudança *versus* *status quo*	Mudança	Mudança	Mudança	Mudança	*Status quo*

O mecanismo SQVID é uma forma de abordarmos diferentes pontos de vista ao articular nossas ideias e desenvolver a mensagem que passaremos ao nosso público. Ao aplicarmos também a ferramenta do pensamento crítico, consideraremos outras dimensões do raciocínio: estrutura, qualidade e virtudes. Fazemos isso por meio de perguntas. Ao respondê-las vamos melhorar a robustez e a qualidade do nosso raciocínio e, por conseguinte, da nossa mensagem. Seguem alguns exemplos de perguntas que poderíamos fazer para avaliar algumas das dimensões do nosso pensamento e ajustar nossa imaginação:

- **Propósito** – O que estamos tentando mostrar? Qual é nosso objetivo? Quem são nossos interlocutores? Quais são seus interesses?
- **Questão-chave** – Como podemos traduzir nossos objetivos em uma pergunta? Qual questão estamos tentando responder? A questão está alinhada com nosso propósito?
- **Pontos de vista** – A partir de que ponto de vista estamos olhando para essa questão? Existem outros pontos de vista a considerar? (SQVID; o que; quem; quando; quanto; onde; como; por quê)
- **Inferência** – Como chegamos a essa conclusão? Existem outras conclusões que deveríamos considerar?
- **Informação** – Que informações e evidências estamos considerando? As informações que temos são relevantes? As informações são corretas e precisas? (o que; quem; quando; quanto; onde; como; por quê)
- **Conceitos** – Quais conceitos precisamos para tornar a questão clara? Esses conceitos estão claramente entendidos?
- **Premissas** – O que estamos considerando como certo? Estamos considerando, inconscientemente, alguma premissa duvidosa? Que premissas nos levaram a essa conclusão?
- **Implicações** – Quais são as implicações de aceitar nossa conclusão? O que estamos sugerindo?

- **Qualidade** – Também podemos formular perguntas para avaliar qualidade do nosso raciocínio em relação a: relevância, lógica, abrangência, profundidade, significância e ética.

6.3 Como compartilhar conhecimentos (mostrar)

Depois que desenvolvemos uma ideia, precisamos planejar como vamos compartilhá-la com outras pessoas. Precisamos definir claramente qual é o nosso foco e mostrar um ou mais dos seis pontos de vista: quem/o que; quanto; onde; quando; como; por quê. Ao escolher um ou mais desses pontos de vista para desenvolver nossa ideia com a plateia, nos forçamos a conduzir uma linha de raciocínio.

Uma vez definido o foco, podemos criar uma imagem como ponto de partida para discussão e depois adicionar outros detalhes à medida que forem abordados. Quando o foco for mostrar "quem/o que" podemos começar com um desenho de pessoas ou objetos. Quando for "quanto", normalmente começamos com um gráfico para demonstrar como os números ou quantidades se comparam umas com as outras. Para "onde", podemos desenhar um mapa, mostrando onde as coisas estão posicionadas umas em relação às outras. Para "quando", usamos uma linha do tempo que demonstre como as coisas ou pessoas mudam com o decorrer do tempo. Quando o foco for "como", desenhamos um fluxograma; e para o "por quê", um gráfico ou matriz de múltiplas variáveis.

Por exemplo, se estamos discutindo a implementação de um novo sistema para um cliente (por exemplo, um ERP como o SAP), nossa questão primária poderá estar relacionada com o "quando" ou "como": quando cada atividade deverá ser realizada para que possamos entregar o sistema no prazo? Como vamos realizar essa implementação? Ao visualizarmos quando cada atividade precisa ser realizada para que o sistema seja entregue, vamos analisar a passagem do tempo. O desenho primário será uma linha do tempo que pode, se necessário, ser completada com "o que/que", "quanto", "onde" e "como".

Visão "quem/o que"

Neste ponto de vista mostramos objetos concretos do mundo real: pessoas, objetos, coisas, ideias, máquinas, etc. ou elementos abstratos, como conceitos, valores, dentre outros. Para mostrar "quem/o que", usamos um retrato, uma representação gráfica daquilo que estamos tentando dizer. Retratos representam substantivos, pronomes, adjetivos e verbos na linguagem dos desenhos. O desenho deve ser simples, para não desviar a atenção do nosso interlocutor daquilo que é relevante. Veja alguns exemplos na próxima figura.

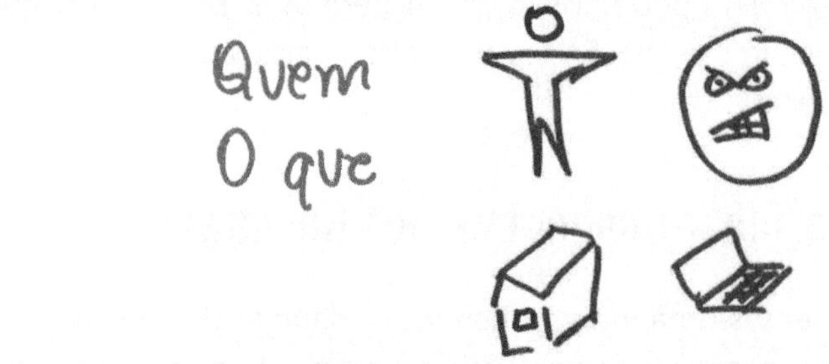

Figura 6.3. Exemplos de desenhos para o ponto de vista "quem/o que".

Devemos incluir nos desenhos apenas as qualidades necessárias para expressarmos nosso ponto de vista, por exemplo: alto X baixo, homem X mulher, adulto X criança, caminhando X parado, nervoso X calmo, triste X feliz, etc. Não importa quão realista o desenho pareça, o importante é que as características relevantes sejam facilmente identificadas.

Por meio dos retratos também podemos representar ação e movimento, ou seja, verbos. Por exemplo, alguém correndo, comendo, escrevendo, comemorando, etc., como na figura seguinte.

Figura 6.4. Exemplos de desenhos para o ponto de vista "quem/o que".

Visão "quanto"

Nosso cérebro tem uma dificuldade inata de lidar com grandes quantidades ([ROAM1] e [ROAM2]). Acima de cinco elementos nosso cérebro passa a identificar as quantidades como "muito", "pouco", "dezenas", etc., em vez de lidar com valores exatos. Um dos principais recursos para lidar com essa limitação são os gráficos.

Os gráficos permitem mostrar quantidade, evolução no tempo e fazer comparações. Devemos escolher o gráfico mais simples, que vá direto ao ponto. Por exemplo: gráfico de barras para mostrar quantidades absolutas; gráfico de linhas para comparar opções; gráfico de setor para tamanho relativo; gráfico de bolhas ou dispersão para comparar variáveis.

Tipicamente os gráficos são utilizados para mostrar uma "foto" dos números como estão em determinado momento, sua evolução no tempo ou em comparação com outros números. Também podemos mostrar números reais ou grandezas relativas, como porcentagem (em especial para números astronômicos ou micros).

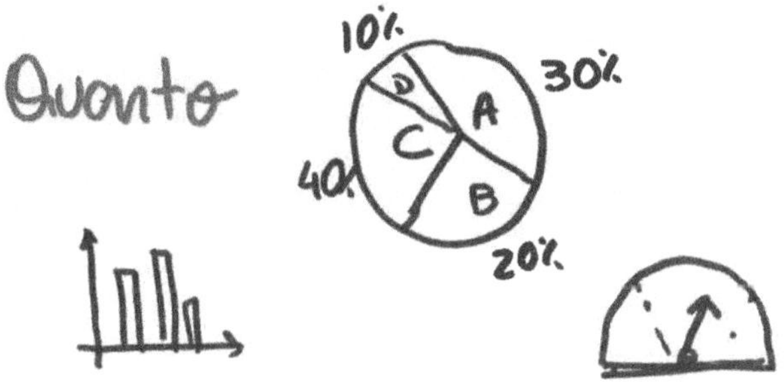

Figura 6.5. Exemplos de desenhos para o ponto de vista "quanto".

Existem vários tipos de gráficos, cada um adequado para uma necessidade diferente. Veja na tabela seguinte algumas das aplicações típicas dos gráficos mais comuns, segundo [MCKINSEY].

Tabela 6.4. Tipos de gráficos e suas aplicações.

Tipo do gráfico	Aplicação
Gráfico de Colunas 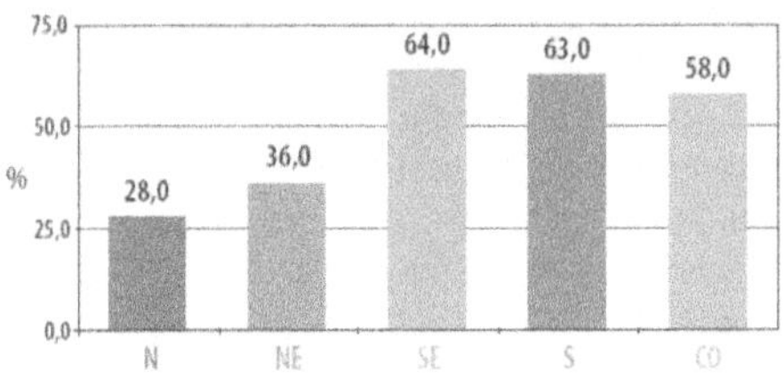	Também conhecidos como Gráficos de Barras Verticais, são úteis para ilustrar comparações entre itens. Em gráficos de colunas, as categorias são geralmente organizadas ao longo do eixo horizontal (X) e os valores, ao longo do eixo vertical (Y).

Tabela 6.4. Tipos de gráficos e suas aplicações.

Tipo do gráfico	Aplicação
Gráfico de Colunas Empilhadas 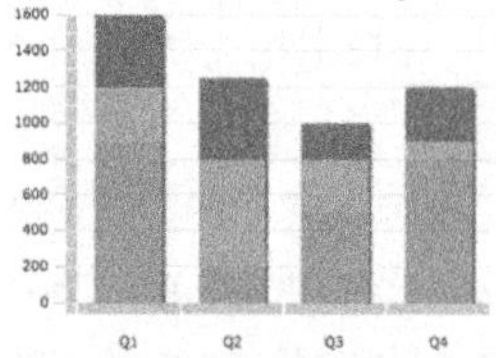 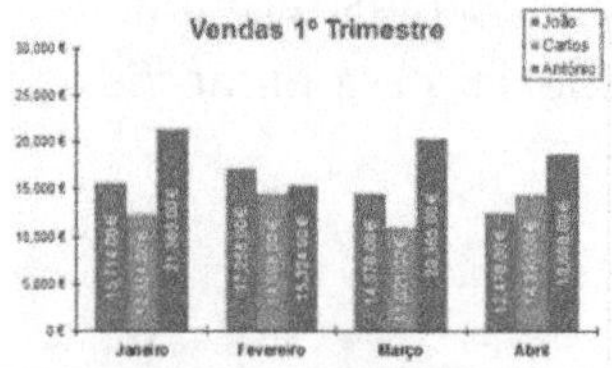	Pode ser considerado uma variação do Gráfico de Coluna. Ele nos permite mostrar a contribuição de cada subcategoria por categoria. Cada coluna representa uma categoria e cada parte da coluna uma subcategoria. No Gráfico de Colunas as categorias seriam agrupadas no eixo X.
Gráfico de Linhas 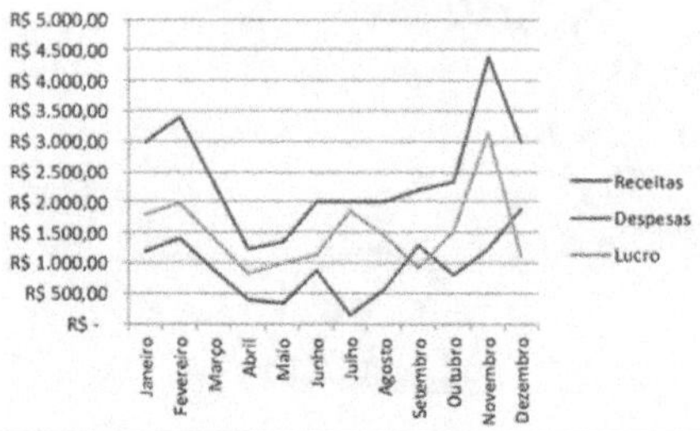	Esses gráficos são usados para exibir dados contínuos ao longo do tempo, definidos em relação a uma escala comum. São ideais para mostrar tendências. Em um Gráfico de Linhas os valores são representados pelo eixo vertical, o tempo no eixo horizontal e as categorias de dados são *plotadas* por meio de linhas.
Gráfico de Setores 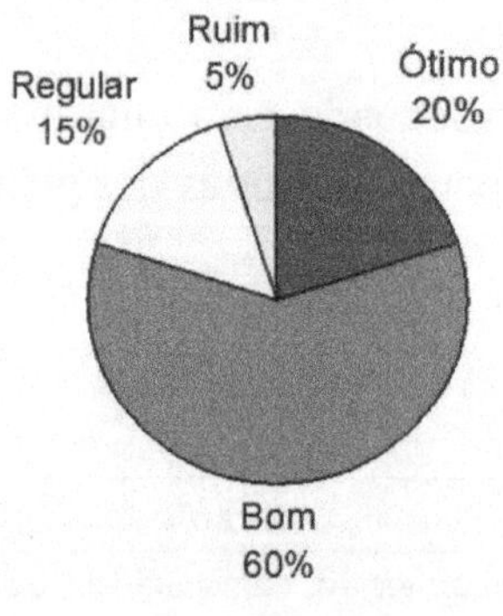	Esses gráficos, que também são conhecidos como Gráfico de Pizza, permitem mostrar proporções, ou seja, quanto cada valor representa sobre o valor total. São utilizados quando há apenas uma série de dados a ser comparada e todos os valores são positivos. Representam uma "foto" dos dados em determinado momento, por exemplo: "desempenho dos alunos em matemática no mês de setembro". Gráficos de setor ficam difíceis de ler quando existem mais que cinco categorias. Nessas situações deveríamos usar o Gráfico de Barras ou o Gráfico de Colunas.
Gráfico de Barras 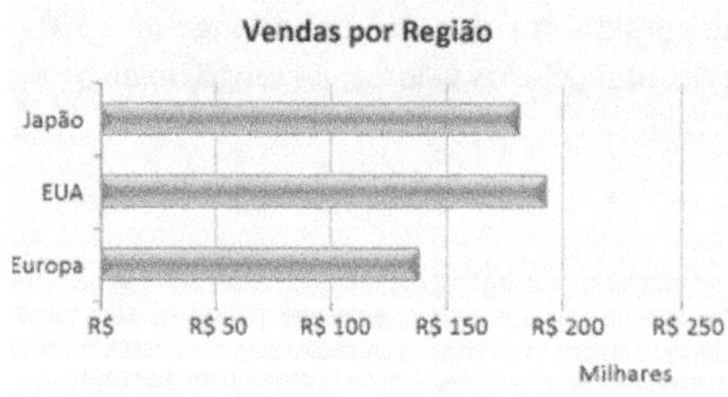	Também é chamado de Gráfico de Barras Horizontais. Servem para ilustrar comparações entre itens individuais. Considere a utilização de um Gráfico de Barras quando os rótulos dos eixos forem longos ou para comparar múltiplos valores.

Tabela 6.4. Tipos de gráficos e suas aplicações.

<table>
<tr><th>Tipo do gráfico</th><th>Aplicação</th></tr>
<tr><td>

Gráfico de Cascata

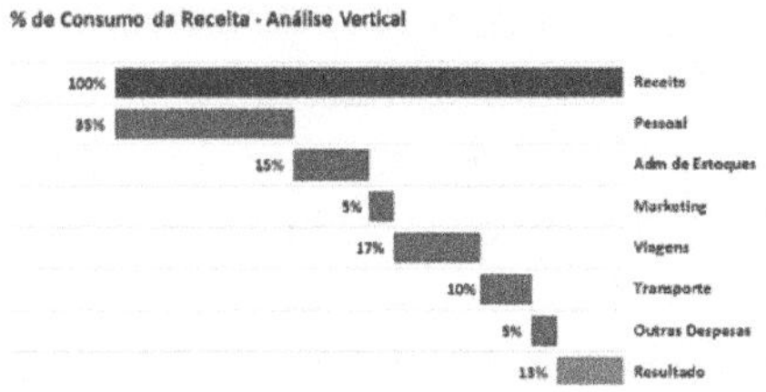

</td><td>Esses gráficos facilitam a demonstração das parcelas de um valor. São muito utilizados na área financeira para apresentar a divisão de uma receita. Podemos utilizá-los em qualquer situação onde seja necessário mostrar a decomposição de um número em categorias ou no tempo.</td></tr>
<tr><td>

Gráfico de Dispersão

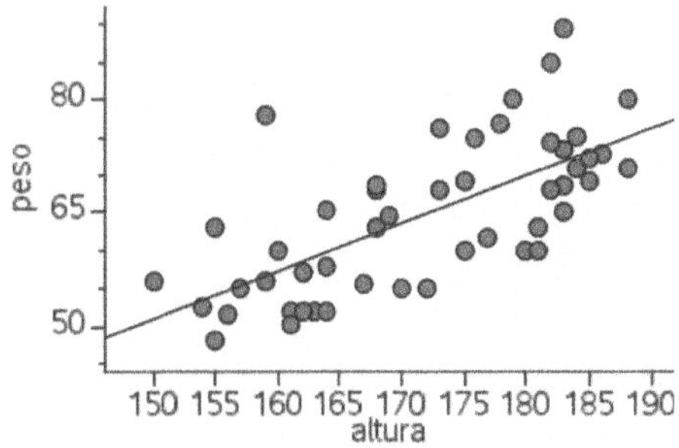

</td><td>Também é conhecido como Gráfico de Correlação. Possuem dois eixos de valores, mostrando um conjunto de dados numéricos ao longo do eixo horizontal (eixo X) e outro ao longo do eixo vertical (eixo Y). Neste gráfico os valores são combinados em pontos de dados únicos.
São comumente usados para exibir e comparar valores numéricos, como dados científicos, estatísticos e de engenharia. Seu objetivo é destacar a frequência com que determinados fenômenos se repetem.
São úteis para demonstrar a correlação entre duas variáveis. Geralmente incluem uma linha de tendência, para destacar onde está a concentração.</td></tr>
<tr><td>

Gráfico de Rosca

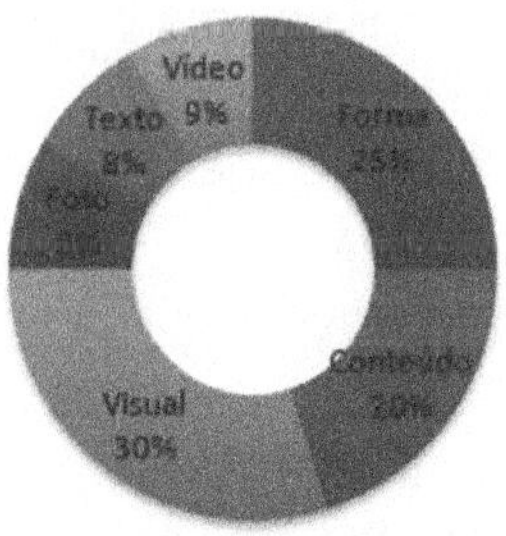

</td><td>Como os Gráficos de Setor, os Gráficos de Rosca exibem a relação das partes com o todo, mas contendo mais de uma série de dados. Não é fácil ler esses gráficos. Talvez convenha usar em seu lugar um Gráfico de Colunas Empilhadas.</td></tr>
<tr><td>

Gráfico de Radar

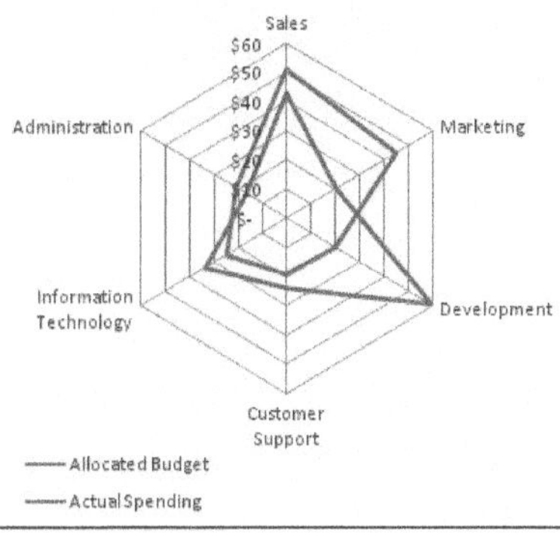

</td><td>Também conhecidos como Gráficos Aranha e Gráficos Estrela. São usados para comparar os valores agregados de várias séries de dados. Cada série de dados tem uma cor ou um padrão exclusivo.
Neste gráfico *plotamos* os valores de cada categoria ao longo de um eixo separado que inicia no centro do gráfico e termina no anel externo. Esses gráficos permitem a apresentação de várias dimensões ao mesmo tempo; são de fácil visualização comparativa; e permitem a uniformização das unidades de medida de séries de dados independentes.</td></tr>
</table>

Independentemente do tipo de gráfico, recomendamos algumas regras básicas para obtermos melhor resultado:

- **Títulos.** Devem ser mostrados na parte superior e explicar a função do gráfico. Uma boa prática é concatenar o título do eixo Y ao título do eixo X, por exemplo: "quantidade por mês", "volume por categoria de produto", etc. Outra alternativa é usar uma expressão como "relação entre Y e X" ou "comparação entre X e Y".
- **Alegorias.** Todos os elementos que não forem realmente necessários para o entendimento do gráfico devem ser removidos. Esses elementos, conhecidos como alegorias, consistem de anotações, rótulos, etc. Uma abordagem minimalista exige menos de nossa plateia e deixa os gráficos mais claros. Quando necessárias, as alegorias devem ser inseridas diretamente no corpo do gráfico, em vez de colocadas nas notas de rodapé. Por exemplo, em um Gráfico de Barras podemos colocar um balão apresentando algum comentário relevante logo acima de uma barra.
- **Cores.** Recomenda-se o uso de cores contrastantes para destacar os elementos importantes do gráfico. Normalmente cores fortes são utilizadas para os elementos mais relevantes e cores claras, como as de tom pastel, para os demais elementos. Assim chamaremos a atenção da plateia para os elementos mais importantes. Por exemplo, para atrair a atenção do leitor, podemos desenhar um círculo vermelho ao redor de uma barra. Uma boa prática é usar uma combinação de cores para separar dados históricos das previsões. Por exemplo, cores fortes para os dados reais e cores pastéis para as previsões.
- **Textos.** É uma boa prática indicar a fonte dos dados do gráfico por meio de uma anotação de rodapé. Isso confere credibilidade. Devemos usar legendas para indicar sobre o que cada série se trata. Também precisamos atribuir títulos aos eixos X e Y para orientar a leitura das informações.
- **Estilo.** Para facilitar a leitura e interpretação da informação, devemos manter um estilo consistente entre os gráficos que mostrarmos em um livro, artigo, relatório ou apresentação: unidades de medida, cores, fontes, orientação dos eixos, etc. Dessa forma, cada vez que aparecer um novo gráfico, nossos interlocutores não precisam gastar energia e tempo tentando interpretar a informação.

Quando a plateia precisar conhecer os valores exatos e estes forem em grande quantidade, recomenda-se o uso de tabelas. Caso contrário, recomenda-se o uso de gráficos. Outra situação onde as tabelas são úteis é quando precisarmos combinar texto, dados e imagem. Para facilitar a leitura de tabelas recomenda-se usar linhas de grade finas e de cores claras, e cores zebradas para destacar as linhas de dados. As tabelas devem ser construídas considerando que serão lidas da esquerda para direita e de cima para baixo.

Visão "onde"

Nesta visão mostramos relacionamentos espaciais. Podemos usar mapas, que servem para mostrar onde cada objeto está posicionado em relação aos outros: mapas organizacionais, diagramas Venn (círculos sobrepostos), quadrantes, mapas conceituais, mapas mentais, dentre outros. Qualquer elemento, físico ou conceitual, pode ser mapeado. Por exemplo, podemos construir um mapa explorando o conceito de caro e barato para mostrar como cada produto está posicionado em relação aos demais.

Quando alguém nos informa uma lista de nomes (pessoas, objetos, conceitos, etc.) devemos desenhar um mapa para entender a relação entre eles. Nos negócios, podemos usar mapas para demonstrar como nossos produtos estão posicionados no mercado em relação aos concorrentes, para identificar lacunas que podemos explorar no mercado e para mostrar a relação entre nossos custos, ofertas e capacidade produtiva. Veja na figura seguinte alguns exemplos de desenhos de mapas.

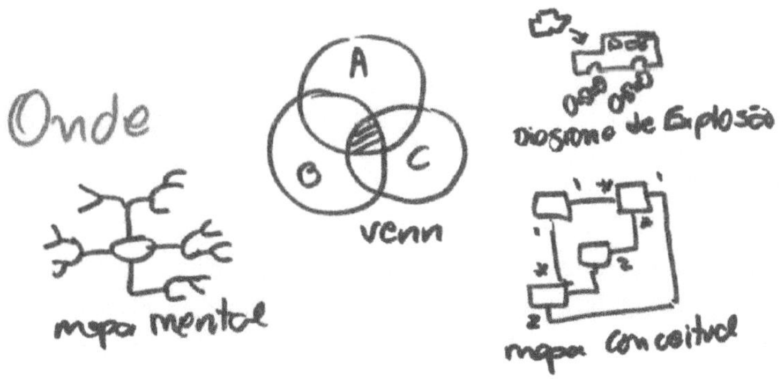

Figura 6.6. Exemplos de desenhos para o ponto de vista "onde".

Na próxima figura temos um exemplo simplório de um diagrama de classes, usado em desenvolvimento de software para mapear as informações que um sistema deve manipular. Cada caixa representa uma classe de informação. Dentro de cada uma são representados o nome da classe e os seus atributos (dados que serão manipulados e registrados pelo sistema). As classes são conectadas umas às outras por meio de linhas, que indicam o relacionamento entre elas. Na extremidade de cada linha está indicada a cardinalidade da relação (como 1 para N, 1 para 1, etc.) e o nome da relação. Com base na figura seguinte podemos inferir que um "Aluno" é uma "Pessoa", cada "Aluno" pertence a uma "Turma" e cada "Turma" tem N "Alunos" associados. Esse diagrama pode ser usado em diferentes situações (além de desenvolvimento de software) para analisarmos uma área de conhecimento e o relacionamento entre suas partes.

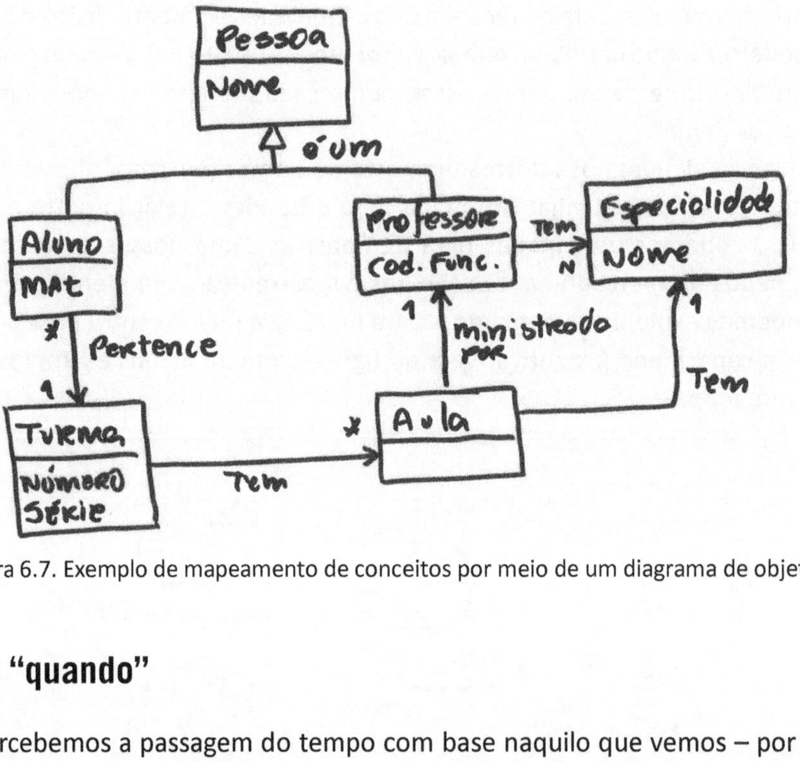

Figura 6.7. Exemplo de mapeamento de conceitos por meio de um diagrama de objetos.

Visão "quando"

Nós percebemos a passagem do tempo com base naquilo que vemos – por exemplo, mudanças na qualidade ou na quantidade e posição de algo (o que/quem).

Linhas do tempo são excelentes para ilustrar ocorrências de eventos e realização de atividades. Também podemos usá-la para mostrar as mudanças de estado de um objeto (pessoa, coisa, registro, animal, etc.), ou seja, como suas características mudam à medida que o tempo decorre. Ou então para mostrar como o relacionamento entre diferentes objetos mudam. Outra aplicação é demonstrar quando determinados eventos aconteceram ou devem acontecer.

No desenho de uma linha do tempo (figura a seguir), o tempo deve ser mostrado como uma linha contínua, de mão única. Os desenhos mais comuns para essa finalidade são: gráficos de Gantt, mapa de processos (BPM – *Business Process Modeling*), diagrama de raias, diagrama de sequência, progressões, dentre outros. Algumas vezes precisamos representar situações ou eventos cíclicos, que se repetem no tempo. Nesses casos, em que o final e o início da linha do tempo se juntam, podemos usar uma linha do tempo circular.

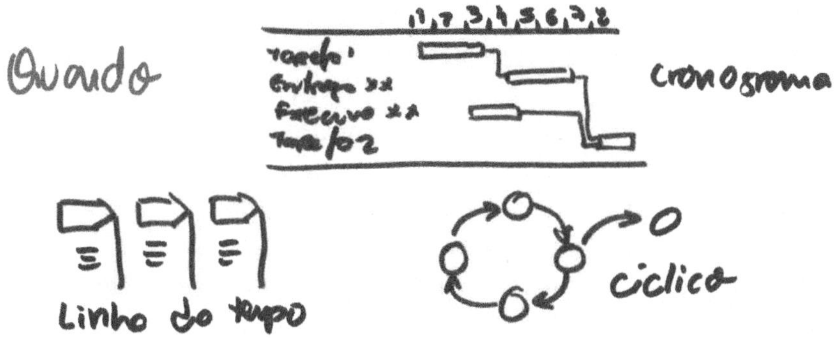

Figura 6.8. Exemplos de desenhos para o ponto de vista "quando".

Quando necessário, podemos incluir no desenho alguns elementos de outros pontos de vista: o que/quem, onde e quanto. Um dos recursos que podemos usar para representar esses pontos de vista são as raias ou *swim lanes*. Usamos cada raia para representar "quem" ou "o que", seja na vertical ou na horizontal. Na outra dimensão representamos a linha do tempo e na interseção entre ambas inserimos as atividades, conforme demonstrado na figura seguinte.

Quando ouvimos alguém contar uma história, devemos desenhar uma linha do tempo para capturar as informações. Uma história é uma lista de eventos que acontecem com o passar do tempo.

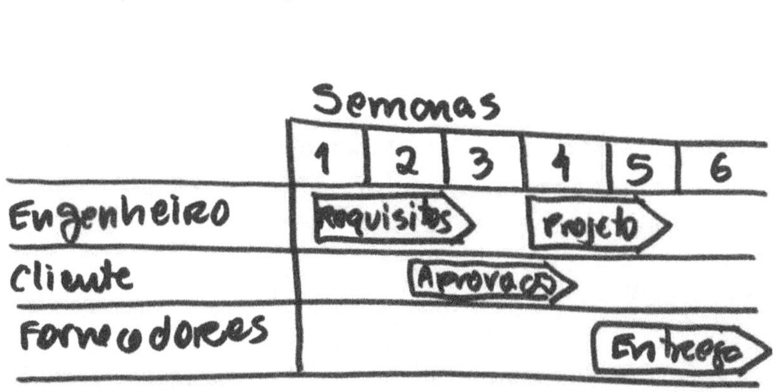

Figura 6.9. Exemplo de uma linha do tempo.

Visão "como"

Este ponto de vista nos permite mostrar como as coisas funcionam. O mecanismo básico é o fluxograma. Ele mostra como podemos chegar a um determinado resultado seguindo um conjunto de passos, incluindo desvios decorrentes de decisões que tomamos no meio do caminho. Os fluxogramas também destacam a relação de causa e efeito à medida que as coisas acontecem, mostrando logicamente como uma causa leva a um efeito.

Na visão "como" podemos combinar aspectos da linha do tempo (quando), posição (onde) e pessoas ou objetos (quem/o que). Ao desenhar um fluxograma, representamos as atividades ou etapas de um processo que acontecem com o passar do tempo. Também podemos indicar "quem/o que" realiza cada atividade e "o que" é produzido, como representado na figura seguinte. No fluxograma representamos "onde" cada atividade está posicionada em relação às outras, de modo que possamos sair de um ponto inicial e chegar ao destino planejado.

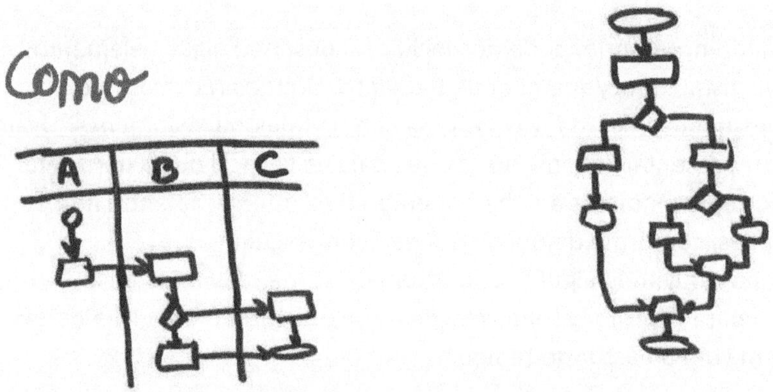

Figura 6.10. Exemplos de desenhos para o ponto de vista "como".

Depois de observar uma coisa acontecendo várias vezes, sempre com o mesmo resultado, vamos perceber que existe um padrão de comportamento. Ao observar o "quando" várias vezes, vamos inferir o "como".

Visão "por que"

O ponto de vista "por que" é o estágio final do esquema proposto por Dan Roam. Neste ponto de vista vamos além de "como" algo funciona, ou "quando", ou "onde", ou "quanto" é necessário, ou "quem/o que" precisa deste algo. Quando analisamos o "por que", estamos sumarizando todos esses pontos de vista para entender a razão das coisas, o propósito de algo ([ROAM2]).

Para mostrar a visão "por que" podemos usar um gráfico que permita indicar a relação entre duas ou mais variáveis e como uma afeta a outra. Existem alternativas, como tabelas bidimensionais e multidimensionais, mas o gráfico é o método mais intuitivo.

Para construir um gráfico de múltiplas variáveis é necessário entender diferentes padrões de comportamentos, o que não é fácil. Precisamos usar a intuição e aplicar um pouco de tentativa e erro. Se relacionarmos uma quantidade pequena de variáveis, podemos construir um gráfico simples – de barras, de linhas ou qualquer outro. Por outro lado, se relacionarmos muitas variáveis em um único gráfico, isso pode gerar uma grande confusão de informações. O correto é escolher e relacionar somente as variáveis que são relevantes para o problema em questão e que exercem influência umas sobre as outras. Achar esse equilíbrio não é fácil. Ao selecionar as variáveis, precisamos entender claramente qual é a influência que cada uma delas exerce sobre as outras.

Um exemplo de gráfico de múltiplas variáveis é o de bolhas. Para entender sua aplicação, vejamos o seguinte exemplo. Os diretores de uma empresa precisam cortar custos. Eles analisam os resultados demonstrados pela contabilidade e percebem que atualmente a maior despesa é a folha de pagamentos. Então formulam as seguintes perguntas: por que a despesa com salários aumentou? O que aumentou? Foi a quantidade de funcionários, seus salários ou o custo trabalhista? Quais departamentos são os mais representativos?

Para responder a essas questões poderíamos começar levantando os dados que estão demonstrados nas tabelas seguintes. Na primeira tabela estão listados os custos por departamento, entre 2012 e 2016. A última coluna, à direita, apresenta a variação do custo entre esses anos. Por exemplo, o custo do departamento "Financeiro" em 2016 é igual ao custo de 2012 mais 10% (primeira linha da tabela). Segundo esta tabela, o departamento que mais cresceu foi o "Serv A", com +36% de variação, e o que mais reduziu foi o "Sistemas", com -35% de variação. A segunda tabela demonstra a variação na quantidade de funcionários por departamento, ano a ano. Conforme se vê, o departamento com maior crescimento na quantidade de funcionários é o "Serv B", com +33% de variação. Também podemos observar que três departamentos se destacam por terem redução de -50% na quantidade de funcionários: "ADV", "Jurídico" e "Serv C".

Grupo	Departamento	2012	2013	2014	2015	2016	Variação
Dir. A	Financeiro	53.423	56.479	60.243	60.588	58.866	10%
Dir. T	ADV	18.337	19.325	23.945	20.753	15.853	-14%
Dir. T	Qualidade	49.801	54.931	54.749	44.629	36.097	-28%
Dir. A	Comercial	99.683	105.358	98.244	100.036	113.417	14%
Dir. T	Sistemas	79.748	84.497	64.155	49.931	51.658	-35%
Dir. T	GP	33.741	35.905	35.307	40.675	37.197	10%
Dir. T	Sup TI	48.379	51.689	52.062	61.956	45.186	-7%
Dir. A	Jurídico	64.369	70.803	68.257	59.291	46.868	-27%
Dir. O	Marketing	17.971	19.884	19.031	15.474	17.447	-3%
Dir. O	Monit	59.617	68.068	58.824	67.483	70.927	19%
Dir. O	Serv C	19.445	21.192	24.899	17.194	16.177	-17%
Dir. O	Serv A	180.933	198.534	180.008	277.076	245.326	36%
Dir. O	Serv B	11.474	12.673	12.852	18.315	19.787	72%
Dir. T	P.Vendas	92.728	101.547	107.467	95.365	85.976	-7%
Dir. O	Pricing	34.460	36.537	36.943	42.785	41.693	21%
Dir. A	RH	36.634	40.948	36.288	43.006	40.703	11%
Dir. T	SAP	64.712	68.295	77.139	76.030	55.626	-14%
		965.455	**1.046.665**	**1.010.413**	**1.090.587**	**998.804**	

Grupo	Departamento	2012	2013	2014	2015	2016	Variação
Dir. A	Financeiro	7	7	8	6	7	0%
Dir. T	ADV	4	4	5	3	2	-50%
Dir. T	Qualidade	8	8	8	6	5	-38%
Dir. A	Comercial	10	10	9	7	9	-10%
Dir. T	Sistemas	10	10	7	5	5	-50%
Dir. T	GP	4	4	3	3	3	-25%
Dir. T	Sup TI	6	6	6	7	6	0%
Dir. A	Jurídico	10	10	9	6	5	-50%
Dir. O	Marketing	3	3	3	2	3	0%
Dir. O	Monit	10	10	7	7	9	-10%
Dir. O	Serv C	4	3	5	2	2	-50%
Dir. O	Serv A	18	19	16	22	20	11%
Dir. O	Serv B	3	3	3	4	4	33%
Dir. T	P.Vendas	5	5	5	4	4	-20%
Dir. O	Pricing	4	4	4	4	4	0%
Dir. A	RH	8	8	7	7	7	-13%
Dir. T	SAP	8	8	8	6	5	-38%
		122	**122**	**113**	**101**	**100**	

Figura 6.11. Tabelas de informações de custos e pessoal por departamento.

Contudo, essas análises não informam se existe alguma relação entre as duas taxas de crescimento: "variação de custo" e "variação de quantidade de funcionários". Alguns departamentos tiveram aumento de custo, mas não fica claro se foi devido ao aumento de salários ou ao aumento no quadro de funcionários, ou ambos. Para chegar a essa conclusão será necessário garimpar os dados dessas tabelas, departamento por departamento, ano a ano.

Podemos analisar a variação no custo por meio de um gráfico de múltiplas variáveis, como mostrado no primeiro gráfico da figura seguinte. No eixo X está representada a "taxa de variação do custo" e no eixo Y, o "valor do custo em reais". O tamanho das bolhas é proporcional ao tamanho de cada departamento, em quantidade de funcionários, em 2016. A cor de cada bolha indica a diretoria da empresa à qual o departamento pertence, permitindo, assim, analisar se existe concentração em algumas delas. Neste gráfico fica evidente que o maior de todos os departamentos, o "Serv A", foi o segundo com maior taxa de crescimento. A maior taxa de crescimento foi do "Serv B", que, conforme o tamanho da bolha, é um departamento pequeno. Vários departamentos reduziram seu custo ao longo dos anos, com destaque para a divisão "Dir T". A divisão "Dir O", por outro lado, apresentou crescimento de custos em quase todos os departamentos. Contudo, fica a pergunta: os custos aumentaram por conta de aumento de salários ou por causa de novas contratações?

O segundo gráfico mostra a variação na quantidade de funcionários por departamento ao longo dos anos (o anterior mostra a variação no custo). Conforme demonstrado, somente os departamentos "Serv A" e "Serv B" tiveram crescimento na quantidade de funcionários. Todos os outros reduziram ou permaneceram com o mesmo tamanho.

A partir desses dois gráficos podemos concluir que os departamentos que tiveram aumento de custo, mas redução na quantidade de funcionários, deram grandes aumentos na remuneração: "Comercial", "Monit", "GP" e "RH". Como o tamanho das bolhas permaneceu constante para esses departamentos, fica evidente que não houve aumento na quantidade de funcionários. O aumento do custo foi decorrente de correção salarial.

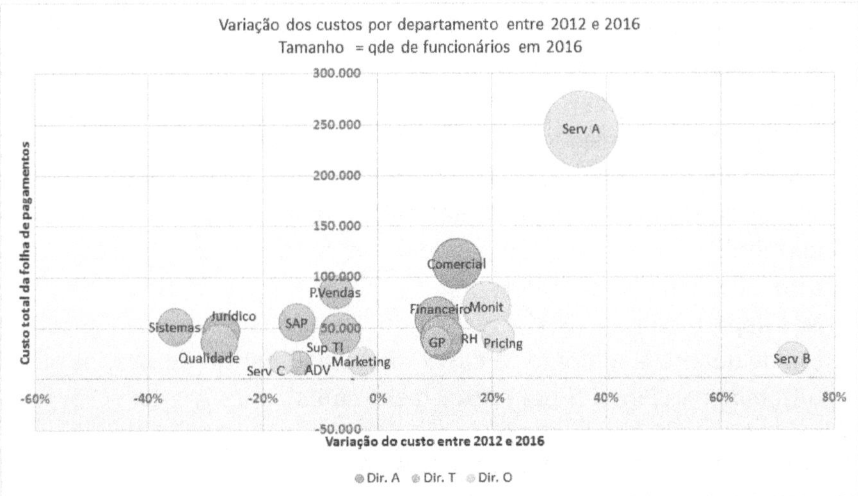

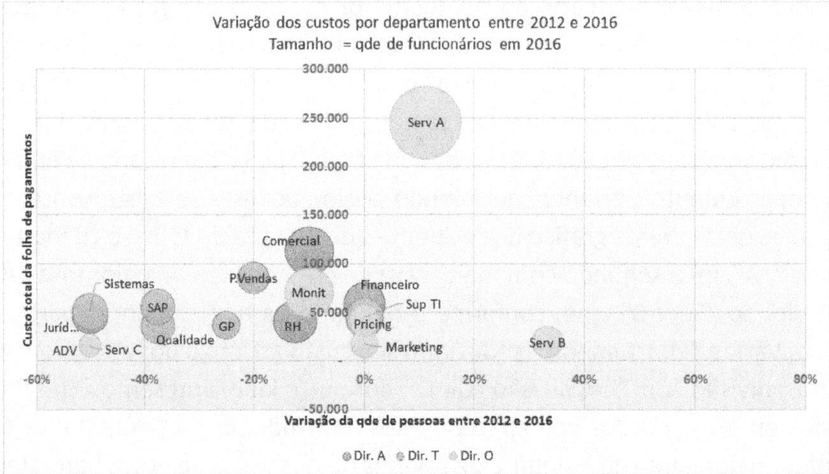

Figura 6.12. Gráficos bolha de variação dos custos e variação da quantidade de funcionários.

Poderíamos chegar a essa mesma conclusão de forma mais objetiva através de um único gráfico, um que cruzasse a variação de custos e de quantidade de funcionários por departamento. Esse gráfico, mostrado na figura seguinte, permite avaliar se os departamentos que sofreram crescimento de custo também tiveram aumento no quadro de funcionários. Vejamos algumas análises:

- O custo do departamento "Serv B" aumentou em mais que 50% e o quadro de funcionários em quase 40%. Este é um cenário normal de crescimento – quando a quantidade de funcionários cresce, o montante dos salários também deveria aumentar na mesma proporção ou próximo disso.
- O "Serv A" sofreu aumento de quase 40% no custo, mas o quadro aumentou muito pouco. Assim, podemos concluir que houve aumento no valor dos salários, ou os salários foram aumentados, ou os funcionários foram substituídos por outros mais "caros".
- O "Sup TI" sofreu redução no custo e não houve redução no tamanho do quadro de funcionários. Podemos concluir que alguns funcionários foram substituídos por outros mais "baratos". Isso é óbvio, já que, por lei, não é permitido reduzir o valor do salário de um funcionário. Aconteceu o mesmo com o departamento "Marketing".
- Nos departamentos "RH" e "GP" a situação é mais extrema: tiveram redução de quadro e aumento de custo – houve aumentos de salários ou substituição de funcionários por outros mais "caros".

O próximo passo para respondermos às perguntas dos diretores, levantadas no início dessa discussão, é avaliar a situação de cada departamento. Precisaríamos entender a razão desses desvios. Serão eles justificados pela variação no volume de trabalho ou no tipo de atividade?

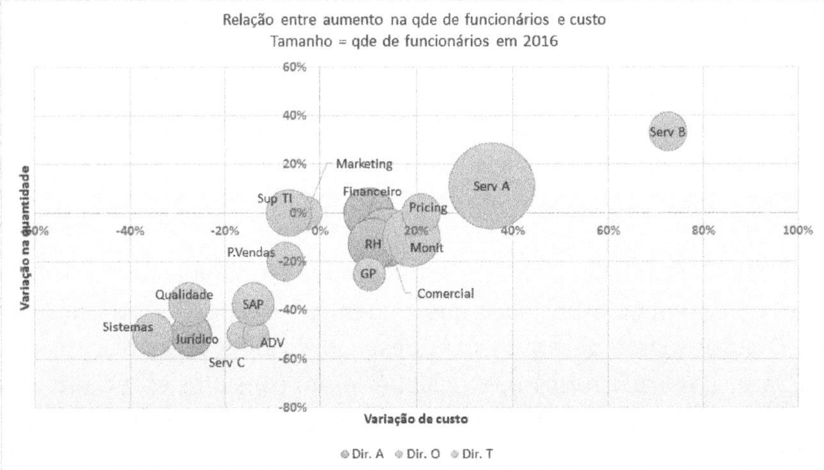

Figura 6.13. Gráfico bolha com a variação cruzada de custos e quantidades.

6.4 Um exemplo prático – Reuniões

A eficácia de um gestor é avaliada em função do benefício que ele proporciona para os seus pares e superiores (ver [DRUCKER]). O gestor é considerado eficaz quando seus pares e superiores conseguem se beneficiar daquilo que ele produz. Em uma empresa, tipicamente cada colaborador realiza suas atividades usando aquilo que é produzido por outros – isso inclui conhecimentos, informações, matéria-prima, visão, etc. Essas pessoas com quem o gestor precisa interagir normalmente estão em outras áreas, e um dos principais veículos de comunicação são as reuniões.

Conforme [DRUCKER], as pessoas mais bem preparadas, antes de participarem ou convocarem uma reunião, questionam o que é esperado como resultado dessa reunião e qual deveria ser a participação delas. Fazem perguntas como: "por que realizaremos essa reunião?", "que resultados esperamos obter?", "como devo me preparar?", "o que é esperado de mim?". No início de uma reunião essas pessoas deixam claro qual é seu objetivo e trabalham para que ela não se desvie do propósito inicial. Elas conseguem separar os "ruídos" dos assuntos associados ao objetivo. Por exemplo, não permitindo que uma reunião com o objetivo de informar algo se transforme em uma reunião de *brainstorming*. Também garantem que ao final da reunião as conclusões e decisões estejam claras para todos os participantes.

Segundo [FALCONI], as reuniões seriam mais proveitosas se fossem realizadas em um contexto de resolução de problemas. Contudo, muitas vezes servem apenas como momento de desabafos, fofocas, reivindicações, dentre outros "ruídos". Para que uma reunião de solução de problemas tenha sucesso, ao final dela todos os participantes devem ter uma ideia clara dos seguintes pontos:

- **O que:** onde precisamos chegar e quais são os objetivos.
- **Como:** ações que precisamos realizar para atingir os objetivos.
- **Quando:** prazos de cada ação.
- **Quem:** responsáveis pela realização de cada ação.

Em [SIBBET1] e [SIBBET2], Steve Sibbet propõe um conjunto de estruturas para construirmos desenhos específicos que podem ser usados na condução de uma reunião. O autor sugere desenhos para desenvolver uma visão, discutir um plano de ação, fazer um *brainstorming*, etc. Sibbet é um consultor especializado em facilitar discussões e projetar informações por meio de recursos gráficos e imagens. Em [SIBBET1], ele nos ensina como usar suas ferramentas de desenho para facilitar reuniões. Em [SIBBET2], mostra como usar essas mesmas ferramentas para liderar, orientar e inspirar equipes (também por meio de reuniões). A seguir estão descritas algumas das ferramentas ou estruturas sugeridas em [SIBBET1] e [SIBBET2].

Grade

As grades, como mostrado na figura seguinte, permitem comparar elementos posicionando-os em um sistema de coordenadas, que funciona como um mapa. As coordenadas representam categorias para classificação dos elementos, e o cruzamento entre as categorias da grade são os relacionamentos. A figura a seguir mostra uma grade com uma matriz de prioridades.

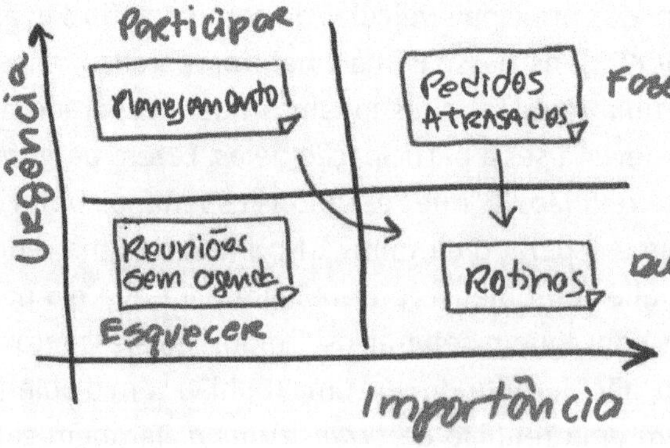

Figura 6.14. Exemplo de uso de uma grade para priorizar assuntos.

Por exemplo, em uma reunião para abordar problemas de administração de tempo podemos usar essa ferramenta como meio de organizar a discussão. Iniciamos a reunião desenhando a grade em um quadro branco. Vamos dividir o eixo X, chamado "Grau de importância", em duas partes traçando uma linha vertical. Depois faremos o mesmo com o eixo Y, chamado "Grau de urgência". Mas o que diferencia uma atividade urgente de uma importante?

As atividades urgentes exigem nossa atenção imediata. Normalmente algo urgente exerce nas pessoas a sensação de pressão. Na maioria das vezes algo se torna urgente por causa do prazo esgotado e do tempo insuficiente para execução. Como a atividade não foi feita em tempo hábil, se tornou urgente.

As atividades importantes, por sua vez, têm data para serem concluídas e ainda temos algum tempo pela frente para planejar e agendar o trabalho. Uma atividade importante pode se tornar urgente quando não atentamos para seu prazo ou quando postergamos seu início até a última hora.

Estas são as categorias de dados com as quais vamos trabalhar: grau de urgência e de importância. O próximo passo é fazer um *brainstorming* e levantar as atividades que estão ocupando o tempo das pessoas da equipe e anotar cada uma em um *post-it*. Depois vamos colar os *post-its* na posição da grade correspondente ao grau de importância e urgência de cada atividade. Dessa forma vamos relacionar as duas categorias. Por exemplo, o *post-it* com o item "Reuniões sem agenda" poderia ser colocado na parte inferior esquerda da grade, já que o grau de importância e de urgência são baixos. O *post-it* "Atender a pedidos de entrega" poderia ser colocado na posição de muito urgente e muito importante.

Ao analisar a lista de atividades relacionadas na grade, as primeiras que devem ser descartadas são aquelas de baixa importância e baixa urgência. Por outro lado, as atividades consideradas muito urgentes e importantes exigem nossa atenção imediata. As pessoas que têm uma grande quantidade de *post-its* nesse quadrante se tornam escravas dos problemas e vivem administrando crises, sendo dominadas pela correria e pela ansiedade.

Com base nessas considerações, podemos discutir nessa reunião algumas ações para mudar nossa realidade. Podemos definir que atividades descartar, o que fazer para levar as atividades do quadrante "muito urgente e muito importante" para o "muito importante e pouco urgente", etc. Essa ferramenta funciona como um mapa, para mostrar "onde" cada atividade, que representa "o que", está posicionada.

Diagramas

Segundo [SIBBET1], os diagramas nos permitem mapear alguma informação, mas de forma hierárquica. Por exemplo, diagramas podem representar a estrutura hierárquica de uma empresa ou podem nos permitir identificar a causa-raiz de um problema (espinha de peixe). Nesse tipo de diagrama começamos com uma ideia central e depois fazemos sua decomposição. Por exemplo, em um diagrama de hierarquia começamos pelo Presidente da empresa e depois detalhamos as funções dos diversos níveis hierárquicos. Em um diagrama de espinha de peixe (ou diagrama de Ishikawa) começamos com um problema e continuamos com ramificações que demonstram as possíveis causas. Esse tipo de estrutura é útil para hierarquizar conhecimentos, fazer *brainstorming*, mapear processos, fazer análises, construir árvores de decisão, etc.

O diagrama de Ishikawa, mostrado na figura seguinte, foi proposto por Kaoru Ishikawa, engenheiro de controle de qualidade e teórico da administração das companhias japonesas que viveu entre 1915 e 1989. O principal objetivo dessa ferramenta é identificar as causas para um efeito ou problema observado.

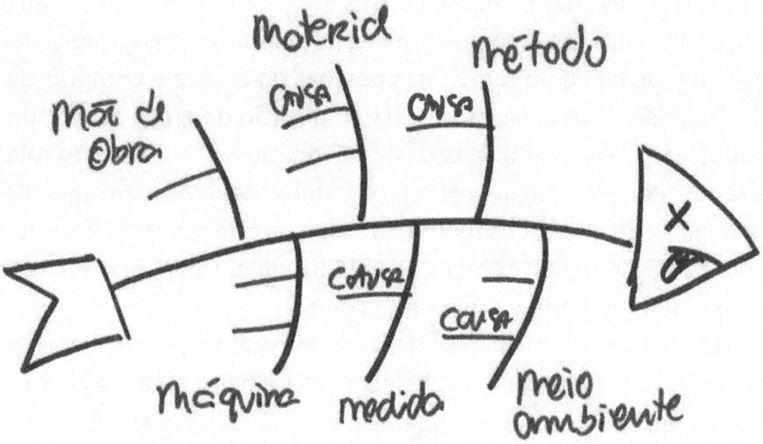

Figura 6.15. Exemplo de diagrama de espinha de peixe.

O diagrama é estruturado de modo que as prováveis causas dos problemas (efeitos) possam ser classificadas em diferentes categorias, pertinentes à natureza do problema que estivermos analisando. Seguem as categorias típicas de problemas nas empresas:

- **Método:** causa associada ao método que estava sendo praticado na execução do trabalho.
- **Material:** causa que envolve o material utilizado no trabalho.
- **Mão de obra:** causa que envolve disponibilidade, atitude ou capacitação das pessoas.

- **Máquina:** causa associada aos equipamentos utilizados.
- **Medida:** causa envolvendo os instrumentos de medida, sua calibração, a efetividade de indicadores em mostrar as variações de resultado, acompanhamento das medições, frequência de medição, etc.
- **Meio ambiente:** causa associada ao meio ambiente em si (poluição, calor, poeira, etc.) e ao ambiente de trabalho (layout, falta de espaço, dimensionamento inadequado dos equipamentos, etc.).

Em uma reunião usamos esse diagrama para tentar diagnosticar as possíveis causas de um problema. Começamos pelo problema (a cabeça do peixe) e depois vamos preenchendo as várias categorias de causas (espinha). Podemos trazer um desenho pronto para reunião (como mostrado na figura seguinte) para discuti-lo com o grupo, mas o mais comum é construir o desenho em equipe durante a reunião. A cada passo devemos consultar os participantes para entender como cada item está associado ao problema. Ao final da reunião deveríamos ter uma lista das várias causas e os impactos correspondentes. Com base nessas informações poderemos discutir e priorizar as ações de correção. Essa ferramenta também funciona como um mapa, que mostra "o que", "quem" e "onde" estão posicionadas as causas do problema. Este diagrama é como um mapa mental, o problema é a ideia central e os ramos representam as possíveis causas.

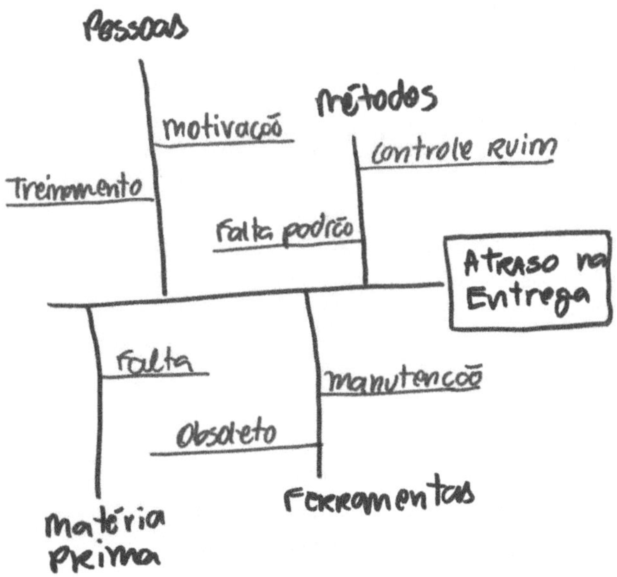

Figura 6.16. Exemplo de diagrama de espinha de peixe para levantamento de possíveis causas de "atraso na entrega".

Desenhos com analogias

Trata-se de desenhos com elementos e informações visuais que a plateia já conheça, mas para conduzi-la em uma linha de raciocínio específica – por exemplo, para mostrar um plano de ação. Steve Sibbet sugere usarmos desenhos com metáforas, como uma viagem espacial, uma corrida de carros, um mapa de caça ao tesouro, ecossistemas, etc. Esse tipo de estrutura nos permite desenvolver uma história junto com nossa plateia. Na figura seguinte é mostrada uma imagem sugerida por Sibbet para conduzir uma discussão sobre um plano de ação para realização de uma visão. Por meio deste desenho podemos compartilhar nossa visão de futuro, os passos que nos levarão à sua realização, os desafios e as oportunidades que existem pelo caminho e o time que irá realizá-lo.

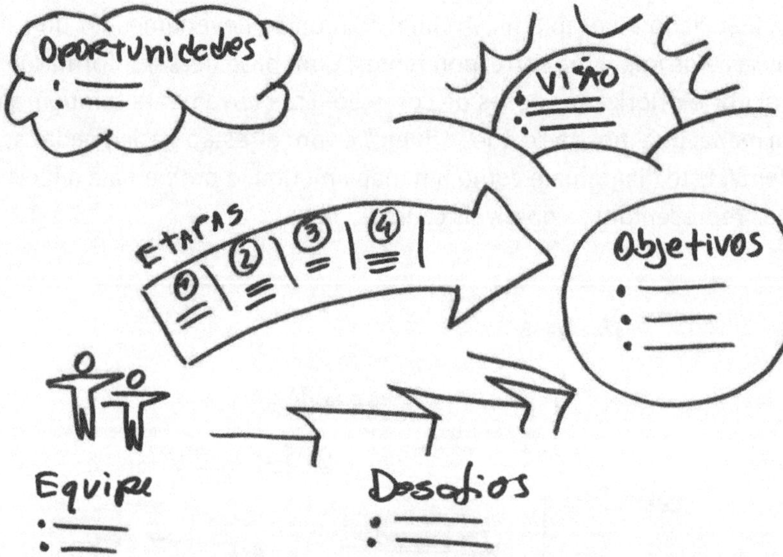

Figura 6.17. Desenho adaptado de [SIBBET1] para conduzir reuniões cujo foco é definir ou informar uma estratégia ou curso de ação.

Exemplo prático

Nas figuras seguintes temos um exemplo de aplicação desse método em uma reunião para vendermos uma solução de segurança da informação. Começamos desenhando uma lista com os principais objetivos do cliente (informados por ele). Nesse caso são: aumentar a agilidade da operação, reduzir custos e melhorar a segurança dos dados.

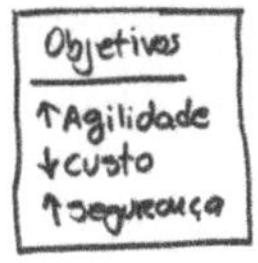

Figura 6.18. Exemplo de desenho com roteiro para levantar o problema de um cliente e definir uma solução (passo 1).

O próximo passo é questionar o cliente e entender a situação atual do seu ambiente de TI. Aqui este objetivo foi realizado por meio do desenho da topologia da rede do cliente. Trata-se de um desenho de alto nível, onde os detalhes desnecessários foram omitidos. Nosso foco deve ser o de trazer para a discussão somente os elementos relevantes, para que possamos entender os principais desafios do cliente.

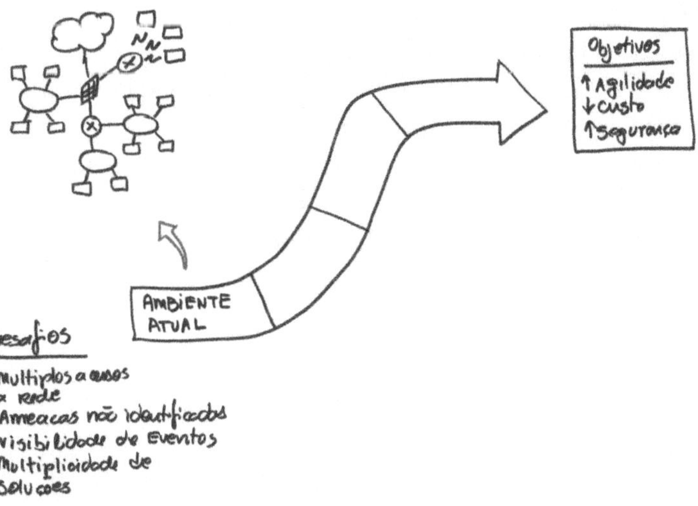

Figura 6.19. Exemplo de desenho com roteiro para levantar o problema de um cliente e definir uma solução (passo 2).

O passo seguinte é discutir com o cliente as iniciativas que já foram deflagradas por ele, ou que estão planejadas, para lidar com esses desafios. Fazemos uma lista com essas iniciativas.

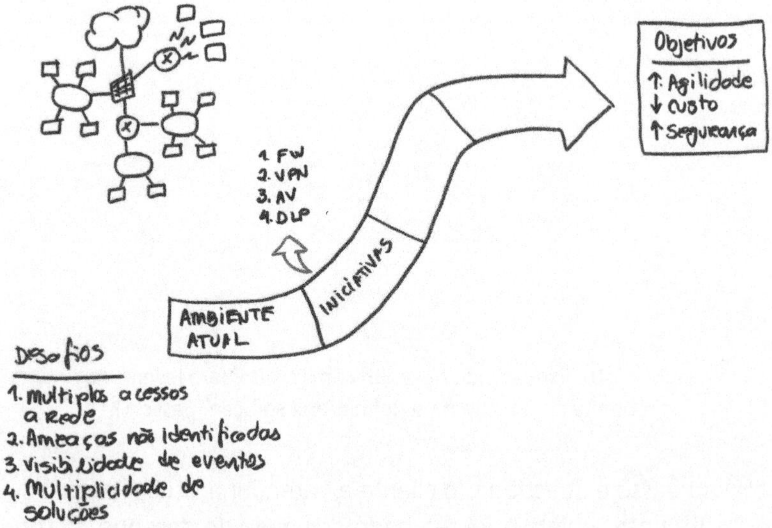

Figura 6.20. Exemplo de desenho com roteiro para levantar o problema de um cliente e definir uma solução (passo 3).

Nesse ponto já temos condição de entender a situação atual do cliente: os principais objetivos, o cenário atual (a topologia da sua rede em alto nível), os principais problemas existentes e desafios, e as iniciativas que já foram consideradas e deflagradas. Agora podemos propor uma solução baseada em nossos produtos e serviços para ajudar o cliente a realizar seus objetivos.

Para isso podemos fazer um desenho de como o ambiente ficaria (em alto nível) depois de implementada a solução que estamos propondo. À medida que fazemos o desenho podemos explicar as características e vantagens da nossa solução e enfatizar os benefícios que poderá proporcionar.

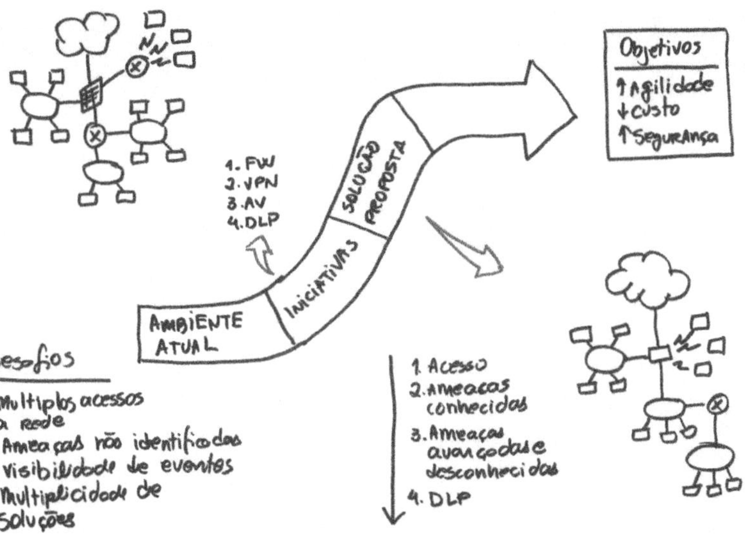

Figura 6.21. Exemplo de desenho com roteiro para levantar o problema de um cliente e definir uma solução (passo 4).

Finalmente fechamos o ciclo fazendo uma conexão entre as características e vantagens da nossa solução com os desafios e objetivos informados pelo cliente no início da reunião. Podemos listar quais são os benefícios que nossa proposta proporcionará e nos aprofundarmos um pouco mais em cada um deles, como mostrado na figura seguinte.

Pode ser que o cliente nos questione sobre a estratégia de implementação da solução que estamos propondo. Nesse caso, poderíamos incluir mais um passo em nossa apresentação, antes do passo final. Poderíamos desenhar uma linha do tempo e explicar quais serão as principais entregas e em que sequência elas acontecerão. O mesmo vale para o investimento: podemos mostrar nessa mesma linha do tempo as entradas (investimentos) e saídas (ganhos, economias, etc.) decorrentes do projeto.

Uma reunião seguindo esse tipo de abordagem pode ser realizada tranquilamente em um intervalo de vinte a quarenta minutos. Um tempo adequado para demonstrarmos a um cliente que entendemos suas necessidades e temos capacidade de resolver os desafios e problemas apresentados. O próximo passo poderia ser o agendamento de uma prova, como uma demonstração, prova de conceito, visita a outro cliente que já utiliza a solução, dentre outras opções. Nosso objetivo deve ser dar esperança ao cliente, de modo que ele avance com o processo de compra.

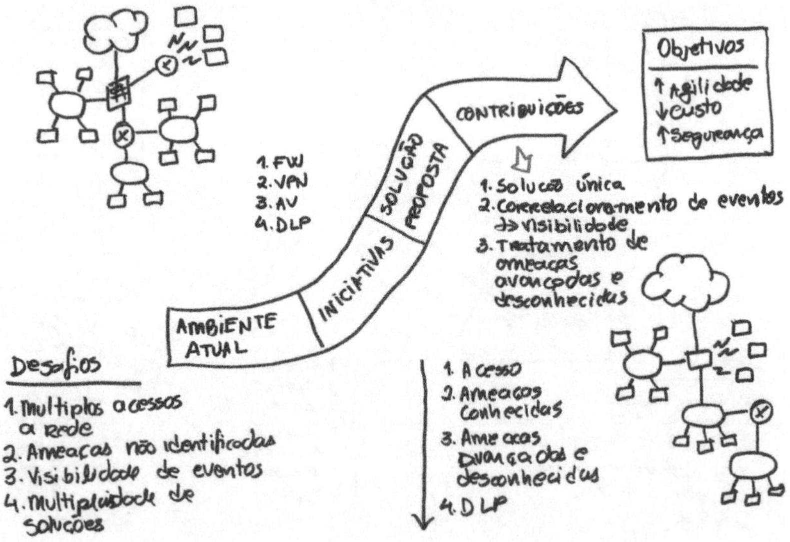

Figura 6.22. Exemplo de desenho com roteiro para levantar o problema de um cliente e definir uma solução (passo 5).

6.5 Resumindo

Desenhos não substituem uma conversa, eles são um ponto de partida para uma boa discussão. Os desenhos devem ser usados como um mecanismo para estimular o diálogo e a criatividade das pessoas, e também como um meio de cocriação. Começamos com um desenho básico e, durante a conversa, adicionamos os detalhes que forem necessários.

Esta ferramenta é usada nas três etapas do processo de aquisição, consolidação e compartilhamento de conhecimento. Roam batizou suas etapas de outra forma: olhar, ver, imaginar e mostrar. Contudo, não existe uma separação clara entre essas etapas. Muitas vezes as percorremos de forma dinâmica sem nos darmos conta.

Dan Roam propõe o uso de uma "gramática visual", por meio de desenhos, para expressarmos nossas ideias, conforme representado na figura seguinte (extraída de [ROAM3]). Quando ouvimos um nome, desenhamos um retrato; quando ouvimos um número ou quantidade, desenhamos um gráfico; quando ouvimos uma lista de itens, desenhamos um mapa; quando ouvimos uma história, desenhamos uma linha do tempo; quando ouvimos uma sequência de etapas, desenhamos um fluxograma; finalmente, quando ouvimos a descrição de uma estratégia, desenhamos um gráfico de múltiplas variáveis.

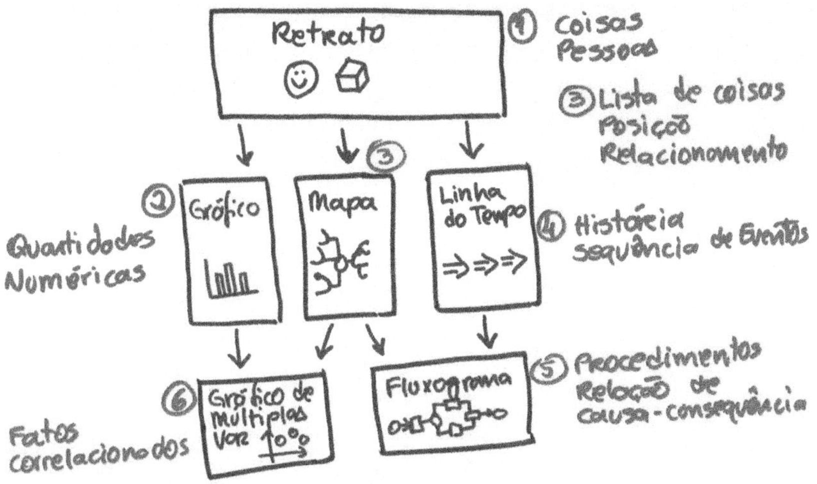

Figura 6.23. Mapa dos pontos de vista.

Quando estamos diante de um problema, por exemplo, nos perguntamos:

- **Quem** – Quem são os elementos envolvidos nos eventos? Quem fez o quê? Quem e o que foi afetado?
- **Onde** – Como esses elementos estão relacionados e conectados? Onde um está posicionado em relação aos outros?
- **Quando** – Qual foi a sequência de eventos? Quando cada evento aconteceu? Quanto cada evento durou?
- **Quanto** – Quanto custou? Qual foi o esforço investido? Qual foi o impacto?
- **Como** – Qual foi a sequência de eventos? Existe uma relação de causa e efeito entre os eventos? Quem fez o quê?
- **Por que** – Qual razão ou finalidade que levou os envolvidos a agirem da forma como agiram? Quais eram os seus objetivos e necessidades? Quais são as motivações?

Usamos questões como essas para tentar entender o que aconteceu, formular soluções e explicá-las para outras pessoas. Ao fazer isso, podemos usar imagens e metáforas para representar o que desejamos. Para que uma ideia possa ser entendida e compartilhada com eficácia precisamos encontrar um meio de destilar a informação. Precisamos achar a sua essência, removendo do desenho tudo que for desnecessário para o entendimento da ideia central e que possa gerar distrações.

Ao vermos ou ouvirmos alguma coisa nova, nossa mente automaticamente tenta fazer uma associação com algo familiar, que possa ser reconhecido. Logo, podemos usar desenhos familiares à nossa plateia para representar conceitos ou ideias que sejam abstratas. Podemos usar imagens encontradas na natureza ou de coisas criadas pelo ser humano.

7
Apresentações Orais

Ferramenta para compartilhar conhecimento por meio de: oratória, gestos e imagens. Consolidamos o conhecimento à medida que planejamos e ensaiamos a apresentação, e compartilhamos quando realizamos em frente a uma plateia.

Em muitas carreiras, como vendedores, professores, analistas de sistemas, líderes em geral, etc., saber fazer uma boa apresentação é fundamental para a ascensão profissional. Em qualquer cargo ou área de atuação, precisamos saber nos comunicar para apresentar nossas ideias, nosso ponto de vista, e para influenciar e convencer as outras pessoas sobre nossos argumentos. As empresas valorizam muito a capacidade de comunicação das pessoas. Fazer boas apresentações nos permite mostrar aos outros quem somos. Sem contar que também nos ajuda a obter respeito profissional.

7.1 Conteúdo das apresentações

Os seres humanos adoram novidades ([GALLO]). Um elemento incomum, diferente ou inesperado em uma apresentação atrai o interesse dos ouvintes. Devemos buscar meios de surpreender as pessoas, por exemplo, levando uma velha mensagem em uma embalagem diferente ou mostrando uma forma original de resolver um velho problema.

Uma maneira de conseguir esse resultado é aprender sobre áreas diferentes daquela que já dominamos. Conforme [GALLO], "os melhores inovadores conseguem conectar ideias de diferentes áreas". Por exemplo, muitas empresas estudam a Apple para melhorar a experiência de uso que os clientes têm dos seus próprios produtos. Ao vermos nosso mundo por outro prisma, somos capazes de mostrar aos nossos ouvintes que eles também podem ver o mundo deles de um jeito diferente. As melhores apresentações nos conduzem a ideias que nunca tínhamos pensado antes.

Propósito

Antes de escrevermos qualquer palavra ou esboçar um esquema para nossa apresentação, segundo [KARIA1], precisamos definir claramente qual é o nosso propósito. Quando está claro o objetivo específico que pretendemos atingir, o trabalho fica mais fácil: seleção dos argumentos, exemplos, analogias, dentre outros. Devemos nos perguntar: "o que desejo que os membros da plateia façam, pensem e sintam depois da minha apresentação?" e "o que as pessoas da plateia esperam que eu aborde na minha apresentação?". Muitas apresentações falham porque o palestrante identifica objetivos errados. Para ter sucesso precisamos estar certos de que temos um propósito alinhado às expectativas da plateia.

Precisamos lembrar que as apresentações não são feitas para os palestrantes, mas para a plateia. Conforme [KARIA1], precisamos ter em mente que é necessário levar algo que seja importante para a vida dos membros da plateia. Temos que investir algum tempo, antes da apresentação, para investigar as características dos membros da plateia: faixa etária, ocupação, estado civil, sexo, etc. Essas informações vão nos ajudar a decidir quais seriam os melhores exemplos, analogias, argumentos, dentre outros elementos relevantes. Também pode nos ajudar a nos preparar para as objeções e perguntas que podem surgir durante a apresentação. Seguem alguns exemplos de questões que podemos investigar nesta etapa da preparação:

- Quantas pessoas estarão presentes?
- Quais são suas principais características?
- Quais são suas expectativas?
- O quanto eles já conhecem dos assuntos que serão abordados?
- Se nossa apresentação tiver como objetivo convencer ou persuadir, que tipos de objeções os membros da plateia podem trazer à tona?
- Se nossa apresentação tiver como objetivo informar, que tipos de dificuldades as pessoas podem ter que comprometam a sua compreensão?

Toda apresentação tem uma mensagem a ser transmitida. Devemos nos perguntar: "quais são os conceitos e ideias que queremos deixar para a plateia?" ou "qual é a ação principal que queremos que os membros da plateia executem depois que assistirem nossa apresentação?". Se estivermos fazendo uma apresentação informativa, "qual é a parte da informação que os membros da plateia devem memorizar?". Se a apresentação tiver como objetivo persuadir a plateia, "qual é o argumento que estamos tentando provar?". Se a apresentação tiver como objetivo inspirar e motivar, "que atitude esperamos que os membros da plateia adotem?". Se as respostas estiverem claras para nós, conseguiremos escrever a mensagem central (que vamos transmitir) com menos de vinte palavras.

Planejamento da mensagem

Ouvir é uma atividade extenuante, segundo [GALLO], já que o ouvinte está constantemente adicionando material novo ao seu repertório que precisa ser lembrado depois – esse material é chamado de "*backlog* cognitivo". Quanto mais tempo durar uma apresentação, maior será a carga cognitiva. Uma apresentação de dez minutos gera um pequeno *backlog* cognitivo; vinte minutos gera um *backlog* grande; e em uma apresentação de uma hora o *backlog* é tão grande que as pessoas ficarão exaustas. Para evitar esse problema, em uma apresentação longa, devemos quebrar a sequência intercalando momentos leves com histórias, demonstrações, atividades ou trocando o apresentador.

Aprender é desgastante – conforme descrito por [GALLO], o cérebro humano consome uma grande quantidade de energia. Quando estamos aprendendo, nosso cérebro está queimando energia. A atividade prolongada nos leva à fadiga e à exaustão. Segundo muitos estudiosos do assunto, uma apresentação com aproximadamente vinte minutos funciona muito bem porque deixa os ouvintes com uma reserva de energia suficiente para refletir, formular críticas e compartilhar ideias.

Outra restrição da capacidade de aprendizado está ligada à quantidade de informações que conseguimos reter. Conforme [GALLO], todas as pessoas conseguem se lembrar muito bem de três itens – à medida que a quantidade aumenta, nossa capacidade de retenção reduz-se consideravelmente. À medida que novos itens são adicionados, nós começamos a esquecer os primeiros. Sendo assim, é mais difícil lembrar-se de quatro itens do que de três; cinco é ainda mais difícil. Quando a lista fica maior que sete, a maioria das pessoas não consegue recuperar os itens da memória.

Assim, devemos planejar nossa apresentação de modo que o tempo necessário não exceda os vinte minutos, ou então que consideremos intervalos ou mudanças a cada vinte minutos. Assim a quantidade de informação apresentada poderá ser absorvida pelos membros da plateia.

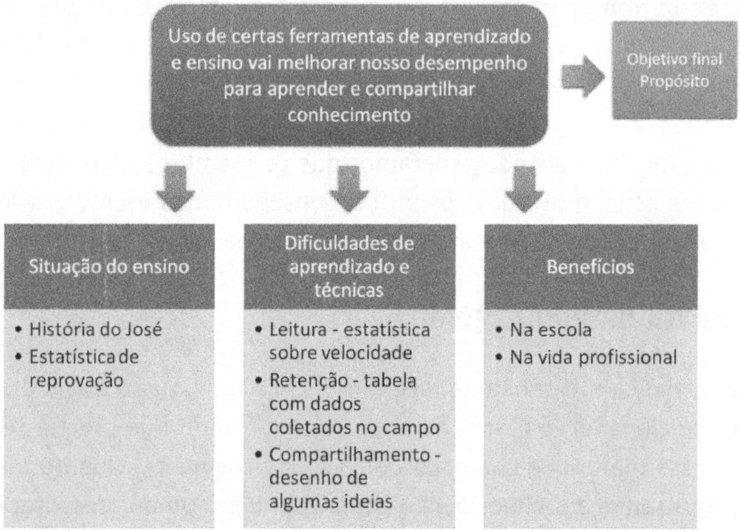

Figura 7.1. Exemplo de mapa da mensagem para uma apresentação.

Muitos palestrantes usam esse conhecimento a seu favor, organizando a apresentação em três partes. Fica mais fácil para eles memorizarem o conteúdo e para a plateia compreender e reter a mensagem. Em [GALLO] há uma descrição desse método, chamado Mapa da Mensagem, mostrado na figura anterior. Este mapa é composto pelos seguintes passos:

1. Título conciso

Devemos criar um título que seja memorável e curto, que resuma nossa mensagem, e do qual as pessoas vão se recordar. Ao criar o título devemos nos perguntar: "qual é a coisa mais importante que eu quero que as pessoas saibam sobre o que vou falar (meu produto, empresa, projeto, etc.)?". A resposta a esta pergunta vai nos dar uma pista sobre como deve ser o título. Devemos desenhar um círculo ou caixa e escrever o título dentro. Dependendo do nosso objetivo, o título pode ser uma frase com um chamado para ação, incluindo um sujeito e um verbo. Por exemplo: "vamos reduzir as despesas".

2. Mensagens de apoio

Agora vamos pensar em três ou quatro mensagens-chave para sustentar o tema geral da nossa apresentação (expresso pelo título). Essas mensagens podem estar associadas às etapas de uma história, conforme a estrutura SCR: Ato I – Situação, Ato II – Complicação e Ato III – Resolução (ver capítulo "Histórias"). Por exemplo: em uma apresentação sobre educação, poderíamos falar sobre a situação do ensino no Brasil, sobre as dificuldades de aprendizado e algumas técnicas para melhorar a eficiência do aprendizado e do ensino. E, por fim, falar sobre os benefícios decorrentes da aplicação dessas técnicas.

3. Âncoras

O próximo passo é planejar os elementos de apoio para cada uma das mensagens (definidas no passo 2): argumentos, histórias, estatísticas, analogias e exemplos. No esquema não precisamos desenvolver toda a história, mas apenas adicionar algumas palavras-chave, para facilitar nossa lembrança.

Esses elementos de apoio são conhecidos como âncoras. Para cada mensagem a ser abordada na apresentação podemos preparar uma ou mais âncoras:

- **Anedota ou fábula** – Para ilustrar nosso argumento ou ponto, podemos contar histórias sobre nós mesmos ou sobre pessoas que conhecemos. Segundo [GALLO], "se algo aconteceu com você e você achou graça na situação, há grande chance de os outros também considerarem a situação cômica". Esse é o tipo de humor que funciona melhor nas apresentações, em especial nas apresentações de negócio.
- **Atividade** – Podemos dar uma pausa para fazer uma atividade ou dinâmica com os membros da plateia. O objetivo deve ser consolidar o tópico que apresentamos previamente.
- **Analogia** – A analogia aponta para semelhanças entre duas coisas diferentes e geralmente é usada para explicar conceitos complexos ou abstratos. Por exemplo, no mundo dos negócios algumas analogias são bastante conhecidas, como "consertar o avião enquanto está voando" para se referir a mudanças de processo com a empresa operando. Veja o seguinte exemplo, extraído do livro "Atenção Plena: *mindfulness*", de Mark Williams e Danny Penman, no qual o autor compara a mente humana a um computador: "se informações demais invadem sua mente, sua memória operacional começa a transbordar. Você começa a se sentir estressado. A vida parece se esvair por entre os dedos. Você se sente impotente, esquecido, exausto. Torna-se indeciso e cada vez mais alheio ao que ocorre à sua volta. É como um computador que vai ficando mais lento à medida que você abre mais janelas. De início você nem nota a demora, mas – uma vez transposto o limiar invisível – o computador fica cada vez mais lerdo, até congelar. Antes de finalmente pifar de vez".
- **Citações** – Podemos tornar a apresentação leve e agradável com alguma citação engraçada. Podemos usar citações de pessoas famosas, anônimas ou de amigos e familiares. Por exemplo, certa vez perguntaram a Walde-

mar Niclevicz, o maior alpinista do Brasil, por que ele colocava sua vida em risco escalando montanhas. Ele respondeu: "escalo montanhas porque elas estão lá!".

- **Fotos** – As imagens podem ser marcantes se forem bem escolhidas. Também podem fazer as pessoas rirem – neste caso, podem ser especialmente úteis quando não somos naturalmente engraçados. Podemos usar fotos para tornar a apresentação leve e engraçada, aplicando um humor natural.

Figura 7.2. Imagem engraçada que poderia ser mostrada numa apresentação de negócios, por exemplo, para indicar o sucesso de uma ação qualquer (bola do sorriso, extraído de <http://fikdik.net/18-objetos-caninos-para-o-seu-cachorro>)

- **Dados estatísticos** – Gráficos e tabelas conferem credibilidade. Sozinhos, os dados estatísticos poderiam fazer as pessoas da plateia dormirem. Uma boa apresentação de negócios intercala humor, informações (de preferência surpreendentes ou que sejam novidade) e estatísticas. Se tivermos que fazer uma apresentação com dados estatísticos, uma boa abordagem seria mostrar um gráfico por *slide*, depois mostrar fotos e imagens e, finalmente, contar algumas histórias que as expliquem. Isso tornaria o conteúdo mais rico e interessante.

Recursos sensoriais

Boas apresentações usam elementos que envolvem mais de um sentido sensorial: visão, audição, tato, paladar e olfato. A variação de recursos sensoriais permite capturar o interesse das pessoas, pois nosso cérebro anseia por experiências multissensoriais. A chance de a plateia se recordar das nossas mensagens será muito maior se, junto com a palavra falada, usarmos o texto escrito e imagens. A taxa de retenção das informações apresentadas varia de acordo com os recursos que usamos. Por exemplo, em média lembramo-nos de 10% do que ouvimos e de 65% do que vemos.

Quando utilizamos *slides*, estes devem servir apenas como pano de fundo e não como um substituto para o que falamos. Aconselha-se não ficar preso somente aos *slides*, mas incorporar outras experiências, como demonstrações, apresentação de produtos e atividades que envolvam a participação do público.

Momentos marcantes

Toda apresentação deveria ter um momento marcante, do qual a plateia se lembre no futuro. Segundo [GALLO], esse momento ocorre quando o apresentador cria um evento que surpreende a plateia, marcando a memória das pessoas. São o que os médicos chamam de "evento emocionalmente carregado", um estado de emoção intensa. Isso faz com que a plateia se recorde de nossa mensagem muito tempo depois.

Por exemplo, Bill Gates e sua esposa, Melinda, dedicam boa parte de seu tempo e fortuna a causas beneficentes. Gates fez uma apresentação no TED Talks sobre a erradicação da malária em países pobres da África e da Ásia. Ele criou um momento marcante quando disse: "a malária é, como todo mundo sabe, transmitida por mosquitos. Eu trouxe alguns aqui, só para vocês terem a experiência. Vamos deixar os mosquitos voarem um pouco pelo auditório. Não há razão para que só os pobres tenham essa experiência". Segundo [GALLO], a plateia não ficou paralisada de medo, mas as pessoas caíram na gargalhada e aplaudiram. Gates falou por 18 minutos, o evento dos mosquitos demorou menos que 5% desse tempo, mas esta é a parte da apresentação que até hoje as pessoas mais se recordam.

Quando precisamos surpreender o público e capturar seu interesse, podemos usar algumas das seguintes estratégias:

- **Apresentar características e dados inesperados e marcantes.** Essa é uma boa abordagem quando desejamos influenciar outras pessoas. Por exemplo, Jon Ronson falou em uma apresentação do TED Talks: "uma em cada cem pessoas é um psicopata. Temos 1.500 pessoas neste auditório. Quinze de vocês são psicopatas!".
- **Mostrar fotos, imagens e vídeos.** Uma foto impressionante ou paradoxal, um vídeo engraçado, uma demonstração surpreendente, etc.
- **Criar títulos memoráveis.** Uma mensagem que seja sucinta e que transmita a grande ideia.
- **Contar histórias pessoais.** Bons comunicadores em geral são bons contadores de histórias.

Boas apresentações têm pelo menos um momento surpreendente, emocionalmente carregado, que marque a mente das pessoas da plateia. Uma boa apresentação precisa de um evento como esse, que dificilmente seja esquecido.

Abertura

O início de uma apresentação é uma das partes mais importantes devido ao efeito surpresa. Se não capturarmos a atenção da plateia nos primeiros trinta segundos da apresentação, depois isso pode ser muito difícil. Logo, é importante dedicarmos tempo para prepararmos uma boa abertura.

Não devemos começar com "bom dia, hoje vou falar sobre...". Esse tipo de abertura é entediante, é melhor ir direto ao ponto. Também não devemos iniciar com "senhoras e senhores, bom dia. Muito obrigado por estarem aqui hoje...". Não devemos desperdiçar o tempo mais importante da nossa apresentação com formalidades.

Uma boa estratégia é começar com uma história. Elas são eficientes e interessantes (ver capítulo "Histórias"). Outra boa abordagem é apresentar dados estatísticos ou uma afirmação chocante. Assim, podemos surpreender a plateia, já na abertura, tirando-as da zona de conforto e capturando sua atenção. Finalmente, outra forma eficiente de iniciar a apresentação é com uma pergunta impactante, já que isso fará a plateia pensar.

É recomendável dedicar algum tempo para escrever o texto da abertura. Dessa forma, podemos editar e revisar o material até que o consideremos perfeito.

Encerramento

Em vez de concluir com uma mensagem como "muito obrigado a todos por virem" ou "e assim termino minha palestra", deveríamos usar esse momento para enfatizar os pontos ou argumentos mais importantes. Deveríamos deixar um chamado para ação, lembrando os membros da plateia sobre o próximo passo que devem dar.

Podemos recapitular qual ação esperamos que os membros da plateia executem, ou qual informação devem memorizar, e assim sucessivamente. O encerramento da apresentação representa nossa última chance de causar um impacto nas pessoas. Recomenda-se dedicar algum tempo para escrevê-lo, revisá-lo e editá-lo até que fique perfeito.

7.2 Postura do orador

Segundo[GALLO], a paixão pelo tema apresentado nos leva à maestria, ela é contagiante. Uma pessoa que não está inspirada não consegue inspirar outras pessoas. Nossa chance de sucesso é maior quando nos expressamos de forma entusiasmada e empolgada. Pessoas que não conseguem se conectar emocionalmente têm muito mais dificuldade de influenciar e convencer os outros.

Quanto à nossa fala, existem três características importantes. Primeiro, a velocidade da fala, que normalmente fica entre 130 e 150 palavras por minuto. Também há o volume da voz, que pode ser alto ou baixo para enfatizar algo. Finalmente as pausas, que podem ser inseridas no meio da fala para enfatizar palavras-chave e mensagens relevantes.

Segundo [GALLO], em uma boa apresentação o orador deve soar natural, como se estivesse batendo um papo descontraído com a plateia. Podemos chegar a esse nível de perfeição quando dominamos o conteúdo. Por meio de planejamento e muito ensaio, conseguiremos controlar nossos medos e aprenderemos a usar nosso estilo natural de conversar.

Os gestos são outro componente importante. Devemos evitar uma apresentação rígida, com as mãos no bolso ou paradas ao lado do corpo. Nossos gestos devem ser naturais, não devemos pensar em quais gestos usar, a história que estamos contando deve guiá-los. Os gestos são importantes principalmente nos momentos mais relevantes da nossa apresentação, quando queremos reforçar a mensagem com movimentos específicos, mas que sejam autênticos e compatíveis com nossa personalidade e estilo. Bons apresentadores usam voz e expressões faciais, gestuais e corporais para expressar suas emoções.

Devemos evitar nos movimentar nervosamente de um lado para outro ou ficar martelando os dedos sobre a mesa ou mexendo com as mãos dentro do bolso. O hábito de se mexer de forma inquieta incomoda a plateia e faz com que pareçamos inseguros, nervosos e despreparados.

Bons apresentadores, de acordo com [GALLO], apresentam movimentos corporais vigorosos e não ficam parados no mesmo lugar. Devemos nos mover, caminhar e interagir com a plateia, sem perder contato com ela. Precisamos procurar manter o contato visual com as pessoas que estão na frente, no meio e no fundo, à esquerda, no centro e à direita. Alguns apresentadores gostam de caminhar por entre a plateia para estreitar essa interação.

Contudo, para que nossa apresentação tenha sucesso, é vital deixar de lado as técnicas e métodos e falar de coração. Boa linguagem corporal é importante para uma boa apresentação, mas não ajuda muito se o palestrante não tiver paixão pelo tema. As técnicas de oratória não têm função se parecermos artificiais para a plateia, como se estivéssemos representando um papel. A finalidade de uma apresentação é inspirar, comover e motivar as pessoas a fazer algo. É muito difícil sensibilizar os outros se eles não acreditarem que estamos sendo autênticos.

7.3 Prática e revisão

Para sentir se as partes estão se encaixando de forma coesa e harmonizada, recomenda-se que treinemos a nossa apresentação em voz alta. Devemos falar sobre o primeiro ponto ou argumento e fazer a ligação com a primeira âncora. Depois fazer a transição para o segundo ponto ou argumento, a segunda âncora, e assim sucessivamente. Não devemos nos preocupar com nosso desempenho; à medida que falamos podemos ter ideias sobre novos argumentos, exemplos, analogias, etc. Ao surgir uma nova ideia, precisamos tomar nota prontamente e depois verificar se vale a pena adicioná-la. Em caso afirmativo, teremos que revisar o conteúdo da apresentação, atualizando o Mapa da Mensagem.

É recomendável criar um roteiro para a apresentação (quadro de ideias, mapa mental ou algo equivalente), de modo que possamos revisá-lo e editá-lo até que nos pareça perfeito. O Mapa da Mensagem é um excelente recurso para planejarmos e replanejarmos uma apresentação, pois pode ser facilmente editado e corrigido, especialmente se utilizarmos um software de mapa mental.

Não devemos tentar memorizar cada palavra, porque podemos soar como robôs ou entrar em pânico caso nos esqueçamos de algumas delas. Precisamos memorizar a sua estrutura para realizarmos a apresentação de forma natural e fluida. Para isso precisamos treinar a abertura, os pontos-chave e as âncoras associadas, além do encerramento.

Devemos praticar a apresentação em frente a uma plateia real, talvez um grupo de amigos. Ao final da apresentação devemos pedir *feedback,* perguntando, por exemplo: "no que vocês acham que eu poderia melhorar?". Devemos incentivá-los a falar e depois revisar e editar nosso roteiro. É aconselhável repetir esse ciclo algumas vezes, até que a apresentação nos pareça perfeita.

7.4 Argumentação oral

Em uma apresentação na qual vamos ter que argumentar e defender teses (ver capítulo "Pensamento Crítico e Argumentação"), dois aspectos são muito importantes: sinalizar as mudanças de um argumento para outro, e oferecer algo positivo para a plateia.

As pessoas podem ouvir de forma seletiva – como ignorar alguns argumentos e se fixar em outros específicos. Não podemos permitir que isso aconteça: devemos ditar o ritmo para que as pessoas nos acompanhem. No início da apresentação recomenda-se que apresentemos um sumário dos argumentos e depois, durante a apresentação, podemos regularmente fazer referências a este sumário para que as pessoas se situem. Ao falar devemos usar expressões como "este é meu primeiro argumento", "agora vamos para a primeira [segunda, terceira, quarta, etc.] premissa deste argumento...". Ao final de cada argumento podemos fazer uma sumarização e dar uma pausa para sinalizar as transições importantes. É importante ficar atento aos sinais emitidos pela plateia – olhar em volta e observar se todas as pessoas estão acompanhando o raciocínio.

7.5 Um exemplo prático – Uma apresentação de negócio

Para demonstrarmos como aplicar algumas dessas ferramentas, vamos considerar uma situação em que precisamos apresentar para um cliente potencial uma solução tecnológica de segurança da informação. O objetivo é despertar no cliente o interesse pelo produto e levá-lo a iniciar um piloto. O plano é dividir o conteúdo da apresentação em três partes, como mostrado na figura seguinte: desafios de mercado, cenário das ameaças cibernéticas e, por fim, uma alternativa para que a empresa possa realizar seus planos com segurança.

Na primeira parte o objetivo é capturar a atenção das pessoas e despertar interesse. Segundo o mapa, faremos isso explorando três mensagens. Primeiro vamos mostrar o que as grandes empresas estão buscando. Vamos falar sobre o estado da arte em tecnologia, do uso de serviços baseado na internet e serviços baseados em dispositivos móveis (celular e *tablet*).

Na segunda parte da apresentação, a mais longa, vamos apresentar os desafios que essas empresas têm enfrentado para proteger sua operação e seus clientes de crimes cibernéticos. Primeiro apresentaremos o panorama de ameaças conhecidas e as tendências; para enfatizar nosso ponto de vista vamos mostrar alguns dados estatísticos. Depois vamos falar das ameaças emergentes, que foram criadas recentemente e contra as quais as empresas têm pouca ou nenhuma proteção. Para fixar esse ponto vamos contar um caso que ocorreu recentemente e foi propagado pela mídia. Finalmente vamos falar um pouco sobre o desafio de investimento, já que a situação econômica do Brasil não é satisfatória e as soluções de segurança são bastante caras.

Na última parte da apresentação vamos mostrar a nossa solução. Começaremos ressaltando suas vantagens e benefícios. Depois apresentaremos, de forma superficial, a sua arquitetura (módulos, interconexões, equipamentos, etc.). Se o cliente quiser mais detalhes agendaremos outra reunião. A seguir faremos uma breve demonstração e, finalmente, vamos apresentar um cronograma típico para sua implementação. Nosso objetivo, ao final da apresentação, é conseguir despertar o interesse. É fazer com que as pessoas da plateia fiquem interessadas e queiram dar continuidade ao projeto – fazer um piloto, discutir o assunto com outras áreas da empresa, etc.

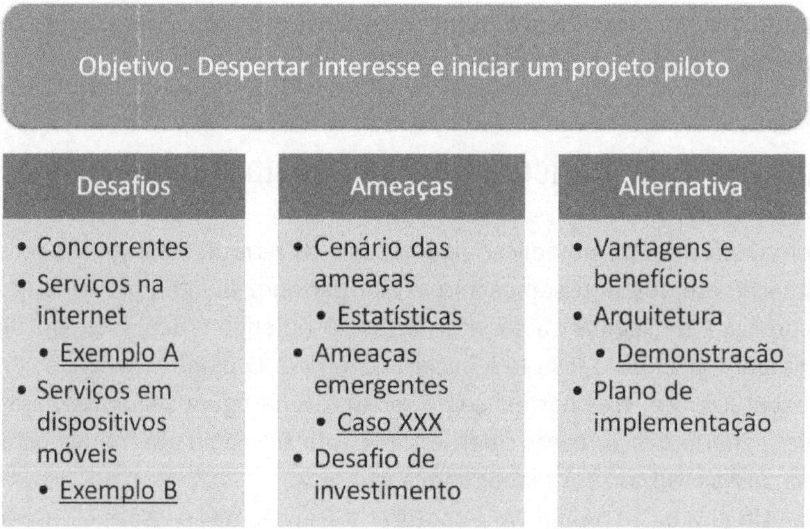

Figura 7.3. Mapa da Mensagem para apresentação de uma solução de segurança.

7.6 Resumindo

Saber fazer uma boa apresentação é fundamental para a ascensão profissional em diversas carreiras. Em qualquer cargo ou área de atuação, precisamos saber nos comunicar bem: apresentar nossas ideias, nosso ponto de vista e convencer os outros. Os principais passos ao preparar uma apresentação são:

1. Definir um propósito claro.
2. Conhecer a plateia.
3. Descrever a mensagem central em até vinte palavras.
4. Definir as mensagens centrais, organizadas em etapas, para abordar os pontos ou argumentos-chave.
5. Criar âncoras para cada mensagem.

6. Desenvolver uma abertura empolgante.
7. Elaborar uma chamada para ação convincente.
8. Testar, revisar e editar o conteúdo da apresentação.
9. Praticar, obter *feedback* e fazer ajustes ao conteúdo da apresentação.

O conteúdo da apresentação pode ser dividido em três ou quatro partes, o que facilita a memorização do conteúdo e a compreensão da mensagem. Nesse método, chamado de Mapa da Mensagem, cada parte é composta por:

- Desdobramento da mensagem central em outras três (menores).
- Argumentos de apoio.
- Âncoras: anedotas, atividades, analogias, citações e fotos.

Boa linguagem corporal e domínio do assunto são importantes para o sucesso da apresentação, mas não ajuda muito se o palestrante não tiver paixão pelo tema.

Em uma apresentação podemos usar várias outras ferramentas para melhorar o resultado: desenhos, mapas mentais, mapas conceituais, anotações, sínteses, histórias, pensamento crítico e argumentação. Quando levantamos informações para a apresentação atuamos na aquisição de conhecimento. Preparar a apresentação nos ajuda na consolidação do conhecimento, pois precisamos planejar, organizar e criticar informações. A definição das estratégias para organizar e apresentar as informações e desenvolver argumentos também contribui com a consolidação. Finalmente, compartilhamos conhecimento quando realizamos a apresentação – e para as pessoas da plateia é uma forma de aquisição de conhecimento.

Ao preparar uma apresentação, podemos maximizar nossa chance de sucesso se usarmos em conjunto a ferramenta do pensamento crítico. Por meio dessa ferramenta desenvolvemos a habilidade de criticar nosso próprio raciocínio à medida que elaboramos o conteúdo a ser apresentado. Formulamos várias perguntas à medida que articulamos o conteúdo da apresentação. Ao respondê-las satisfatoriamente melhoramos a robustez e a qualidade do nosso trabalho. Seguem alguns exemplos de perguntas que poderíamos fazer para avaliar algumas das dimensões do nosso pensamento:

- **Propósito** – O que estamos tentando conseguir? Qual é nosso objetivo? Por que estamos fazendo essa apresentação? Quem são os ouvintes? Quais são seus interesses?
- **Questão-chave** – Qual questão estamos tentando responder? A questão está alinhada com nosso propósito?

- **Pontos de vista** – Através de que ponto de vista estamos olhando para essa questão?
- **Inferência** – Como chegamos a essa conclusão? Existem outras conclusões que poderíamos considerar? Existem outros pontos de vista a considerar?
- **Informação** – Que informações estamos considerando? As informações que temos são relevantes? As informações são corretas e precisas?
- **Conceitos** – Quais conceitos precisamos para tornar a questão clara? Esses conceitos estão claramente entendidos?
- **Premissas** – O que estamos considerando como certo? Estamos considerando, inconscientemente, alguma premissa duvidosa? Que premissas nos levaram a essa conclusão?
- **Implicações** – Quais são as implicações de aceitar nossa conclusão? O que estamos sugerindo?
- **Qualidade** – Também podemos formular perguntas para avaliar a qualidade do nosso raciocínio em relação a: relevância, lógica, abrangência, profundidade, significância e ética.

8
Histórias

Ferramenta para compartilhar ideias por meio de histórias a fim de ensinar, inspirar, motivar e entreter outras pessoas. Considerando nosso objetivo, abordamos o desenvolvimento do enredo, dos personagens e os principais eventos. O método abordado neste capítulo foi inicialmente concebido por Joseph Campbell, em meados do século XIX, e posteriormente adaptado para o mundo do cinema, acadêmico e corporativo (como apresentações de negócio). Ao desenvolver uma história lidamos com a consolidação e o compartilhamento de conhecimento.

Histórias são um eficiente meio de estimular e engajar o cérebro humano. Por exemplo, numa apresentação, por meio delas podemos aumentar a nossa conexão com as pessoas da plateia, aumentando as chances de que concordem com nossos pontos de vista. Na vida profissional, nós contamos histórias sobre projetos, produtos, campanhas de marketing, vendas, etc. Em uma entrevista de emprego contamos histórias sobre nossa carreira profissional. No meio acadêmico podemos contar histórias para demonstrar a aplicação de um conceito ou teoria.

Uma boa história desperta sentimentos na plateia quando aborda valores universais, que toquem as pessoas, despertando sua identificação com personagens, marcas e produtos apresentados. Valores universais são aqueles compartilhados por pessoas de qualquer lugar do mundo, de diferentes raças, idades, culturas e religiões. Nós vivenciamos esses valores universais de forma praticamente instintiva, por exemplo: amor, sentimento de dor, fé, ira, paixão, justiça, arrependimento, vingança, etc.

Por exemplo, o filme "Guerra nas Estrelas" (*Star Wars*), mesmo sendo uma história de ficção científica, está centrado no sentimento humano: aborda o lado sombrio do ser humano, o lado negro da força, o tênue limite entre o bem e o mal. Em um dos episódios, o vilão Darth Vader, que representa um monstro, revela seu rosto sofrido e torturado ao tirar a máscara. Dessa forma, ele mostra à plateia que precisamos aprender a viver, independentemente dos reveses que a vida nos apresenta.

O tema de qualquer história é nosso lado humano. Por mais que as histórias e os filmes abordem questões de tecnologia e ficção, o que conquista a empatia do público são os valores humanos universais. Muitas animações, como "Carros", "Toy Story" e "Procurando Nemo", atribuem esses valores a personagens que não são humanos para conquistar a empatia da plateia.

Conforme [GALVÃO], assim como na vida pessoal, no mundo corporativo também existe uma série de valores universais, como produtividade, cooperação, liderança, trabalho em equipe, honestidade, respeito, segurança, integridade, etc. Para cada valor positivo existe um valor negativo correspondente, e o desafio do herói ou protagonista da história pode ser justamente lidar com esse valor negativo.

Segundo [GALVÃO], quando contamos uma história estabelecemos um vínculo emocional com a plateia em relação ao herói da nossa história, o protagonista. Esse vínculo faz com que as pessoas se identifiquem e torçam por ele, como se o desafio do herói fosse delas próprias.

Em apresentações de negócio e acadêmicas o protagonista da história pode ser um produto, uma tecnologia, uma empresa, um grupo de pessoas, etc. Normalmente é necessário apresentar muitas planilhas, gráficos e tabelas. Contudo, o excesso de dados brutos diminui a relevância das mensagens. Para que esses dados tenham significado para a plateia é fundamental elaborar um roteiro com coerência e significado. Segundo [GALVÃO], os dados não movem pessoas, são as histórias que as movem – os dados são importantes somente se estiverem contidos em um contexto. Os dados nunca devem ser apresentados isoladamente, mas associados às histórias que lhes dão vida e significado. A interpretação dos gráficos, das tabelas e das planilhas é muito mais importante do que elas mesmas, pois as conecta ao mundo real. Devemos planejar nosso tempo de modo que possamos dividir adequadamente o tempo entre a história e a mensagem principal. Por exemplo, podemos passar 20% do tempo contando uma história e 80% discutindo as lições aprendidas (mensagem principal). A função da história é levar os ouvintes a vivenciar o conteúdo da mensagem em um nível mais profundo.

Conforme [GALVÃO], ao construirmos uma história, precisamos pensar nos seguintes elementos: a ideia governante; o universo da história; o protagonista (herói) e seu desafio ou desejo; as forças antagônicas contra as quais ele irá lutar; a transformação que sofrerá.

A ideia governante está associada à mensagem central, que ficará na cabeça das pessoas depois que elas ouvirem (e talvez verem) nossa história. Algumas vezes a ideia governante é compartilhada pelo autor por meio do título. O universo da história refere-se ao ambiente e ao tema em torno do qual a história irá transitar. O herói é o protagonista central da história e tem um grande desafio ou desejo que irá buscar durante o desenrolar da trama. As forças antagônicas são os obstáculos, as dificuldades que o protagonista irá enfrentar, tornando sua caminhada difícil. São essas dificuldades que o herói enfrenta que conferem emoção à narrativa. Se o herói atingir seu objetivo sem muita dificuldade, a história ficará sem graça, sem razão para ser memorizada e recontada. As forças antagônicas podem representar conflitos com homens, máquinas, instituições, forças da natureza, governos, etc. No mundo corporativo, também podemos representar o conflito com outras empresas, produtos concorrentes, novas legislações, dificuldades financeiras e com os colaboradores, etc. Ao final, depois que nosso herói vencer as forças antagônicas, ele passa por uma transformação, tornando-se alguém melhor.

Chamamos de *storytelling* a arte de contar histórias. Atualmente duas estruturas são as mais utilizadas no desenvolvimento de histórias: a Jornada Heroica, de Joseph Campbell, e a estrutura Situação-Complicação-Resolução (SCR), de Aristóteles. A primeira é muito usada no cinema e na literatura, enquanto a segunda é mais popular em apresentações de negócio e acadêmicas.

8.1 Jornada heroica

O conceito da jornada do herói, ou jornada heroica, foi criada por Joseph Campbell, estudioso norte-americano de mitologia e religião comparada. Campbell criou um modelo de como seria o passo a passo do percurso de transformação do homem comum em herói, com todas as provações que surgem no meio do caminho. Posteriormente, Christopher Vogler propôs a aplicação dos métodos desenvolvidos por Campbell para apoiar escritores. O resultado foi publicado no livro "A jornada do escritor: estruturas míticas para escritores" (ver [VOGLER]), que se tornou uma referência básica para escritores e roteiristas. Um exemplo claro são os roteiros de "Guerra nas Estrelas", que seguem à risca os estágios da jornada heroica.

Segundo Campbell, a jornada heroica não é uma invenção, mas uma observação. É um modelo, um conjunto de princípios que governa a condução da vida e o mundo da narrativa do mesmo modo que a medicina e a química governam o mundo físico.

A história de toda jornada possui um tema (um conflito, um objetivo, um desafio, etc.), é dividida em atos e estágios e é composta por personagens. Cada ato da história envia o herói a certo caminho com uma intenção ou objetivo específico. O clímax de cada ato muda a direção do herói, designando uma nova meta.

Os estágios de uma história, segundo o modelo jornada heroica, são:

1. **Mundo Comum** – Neste estágio o herói e os outros personagens são apresentados em seu ambiente costumeiro – o Mundo Comum – e assim é criado um contraste nítido entre este mundo e o "Novo Mundo" ou "Mundo Especial", no qual eles entrarão. Outra importante função do Mundo Comum é sugerir a questão dramática da história. Toda boa história levanta uma série de perguntas sobre o herói. Será que ele vai atingir seu objetivo, superar seu defeito, aprender a lição que precisa? As perguntas de ação impelem o enredo para frente, mas as questões dramáticas prendem o público e o envolvem com a emoção dos personagens.
2. **O Chamado** – Neste estágio apresenta-se ao herói um problema, um desafio, uma aventura a empreender. Uma vez confrontado com este chamado, ele não pode mais permanecer indefinidamente no conforto de seu Mundo Comum. O chamado estabelece o objetivo da jornada e deixa claro o objetivo do herói: conquistar um tesouro ou um amor, obter justiça, realizar um sonho, defender sua família, fechar um grande negócio, enfrentar um desafio ou mudar uma vida. O chamado pode vir sob várias formas:
   - Na forma de uma mensagem, um mensageiro ou um acontecimento.
   - Pode ser algo que se agita dentro do herói, um desconforto.
   - Pode ser uma tentação.
   - Pode chegar sob a forma de uma perda.
   - Pode ser simplesmente a total falta de opção por parte do herói.
3. **Recusa do Chamado** – Com frequência, o herói hesita logo antes de partir em sua jornada – este é o evento de Recusa do Chamado. É necessário que surja alguma outra influência para que vença essa encruzilhada do medo. Pode ser uma mudança nas circunstâncias, uma nova ofensa à ordem natural das coisas ou o encorajamento de um Mentor.
4. **Encontro com o Mentor** – A função do Mentor é preparar o herói para enfrentar o desconhecido. Ele pode dar ao herói conselhos, orientação ou "algo mágico".
5. **Travessia do Primeiro Limiar** – Finalmente, o herói se compromete com sua jornada, entra no Mundo Especial e dispõe-se a enfrentar as consequências de lidar com o problema ou o desafio apresentado pelo chamado. Este é o momento em que a história decola e a jornada realmente se inicia.
6. **Testes, Aliados e Inimigos** – Uma vez ultrapassado o Primeiro Limiar, o herói encontra novos desafios e Testes, faz Aliados e Inimigos e começa a aprender as regras do Mundo Especial. Neste estágio acontece o desenvolvimento dos personagens e observa-se como o herói e seus companheiros reagem à tensão. Nesta etapa o herói também faz Aliados e Inimigos. O

estágio dos testes também dá oportunidade para que se formem equipes. Muitas histórias apresentam heróis múltiplos ou um herói apoiado em uma equipe de personagens com habilidades ou qualidades específicas.

7. **Aproximação da Caverna Oculta** – Na **Caverna Oculta** o herói vai enfrentar o seu maior terror. A aproximação é a hora dos preparativos finais para a provação central da jornada. Esta fase tem a função de reservar algum tempo para o herói fazer planos, dedicar-se ao reconhecimento do inimigo, reorganizar o grupo, fortificar-se e armar-se melhor.
8. **A Provação** – Aqui se joga a sorte do herói, em um confronto direto com seu maior medo: o fracasso de um empreendimento, o fim de uma relação, a morte de alguém amado, etc. Ele enfrenta a possibilidade da morte (real ou figurada) e é levado ao extremo em uma batalha contra uma força hostil. A Provação é o momento de suspense, não sabemos se o herói vai sair vitorioso ou sucumbir. Essa experiência muda dramaticamente o personagem, fazendo com que fique mais sensível às necessidades dos outros, mais consciente de que faz parte de um grupo, aprende uma nova habilidade, dentre outras conquistas.
9. **A Recompensa** – Após sobreviver à morte, o herói tem motivos para celebrar. O herói, então, pode se apossar do tesouro que veio buscar, sua Recompensa – prêmio ou conhecimento e experiência, que conduz o herói a uma compreensão maior da vida e a uma reconciliação com as forças hostis.
10. **Caminho de Volta** – Esta fase marca a decisão de voltar ao Mundo Comum. O herói compreende que, em algum momento, vai ter que deixar para trás o Mundo Especial e constata que ainda há perigos, tentações e testes à sua frente.
11. **Morte e Ressurreição** – Muitas vezes, este é um segundo momento de vida ou morte, quase uma repetição da morte e do renascimento da Provação. O herói se transforma graças a esses momentos de morte e renascimento e assim pode voltar à vida comum como um novo ser, com um novo entendimento do mundo e da sua presença nesse mundo. Outra possibilidade para um momento de Ressurreição poderá ser a criação de um clímax em que o herói seja obrigado a fazer uma escolha entre várias alternativas; a sua escolha indicará se ele aprendeu, de fato, as lições da transformação.
12. **Retorno com o Elixir** – O Elixir é algo que o herói traz consigo no retorno ao Mundo Comum, pode ser um tesouro, um conhecimento ou uma experiência que algum dia será útil à sua comunidade. Também pode ser amor, liberdade, sabedoria ou conhecimento de que o Mundo Especial existe. Voltar com o Elixir é o último teste do herói, quando ele mostra se está

suficientemente maduro para compartilhar com os outros os frutos de sua conquista. No Retorno, o herói pode passar por várias provações de morte e renascimento.

Resumidamente, os estágios da jornada do herói são:

Ato I

1. Os heróis são apresentados no Mundo Comum, onde
2. Recebem um chamado para jornada.
3. Primeiro, ficam relutantes ou recusam o chamado, mas
4. Em um encontro com o mentor são encorajados a fazer a
5. Travessia do Primeiro Limiar e entrar no Mundo Especial, onde

Ato II

6. Encontram testes, aliados e inimigos.
7. Na aproximação da caverna oculta, cruzam um Segundo Limiar,
8. Onde enfrentam a provação – a crise central da história.
9. São vitoriosos, ganham uma recompensa e
10. São perseguidos no caminho de volta ao Mundo Comum e enfrentam uma provação de vida ou morte (figurada ou real) – clímax da história.

Ato III

11. Cruzam então o Terceiro Limiar, experimentam uma ressurreição e são transformados pela experiência.
12. Chega então o momento do retorno com o elixir, a bênção ou o tesouro que beneficia o Mundo Comum.

Personagens da jornada

Em uma história, um personagem pode manifestar qualidades de mais de um arquétipo. Arquétipos são papéis representados temporariamente pelos personagens à medida que são necessários para o avanço da história.

Conforme [VOGLER], descobrir qual a função do arquétipo que um determinado personagem está expressando nos ajuda a avaliar se o personagem está desempenhando seu papel satisfatoriamente. Existem vários tipos de arquétipos. A seguir, os mais comuns.

- **Herói** – O herói é o personagem central, o protagonista com o qual buscamos nos identificar quando ouvimos uma história. Instintivamente, as pessoas veem a história pelos olhos do herói. Os heróis normalmente são imperfeitos. Quando mostram suas fraquezas e defeitos as pessoas se identificam com eles. As pessoas vibram ao ver seus heróis enfrentarem problemas de personalidade ou emocionais (como elas) e superá-los. Eles aprendem algo no decorrer da história: como conviver com os outros, acreditar em si mesmos, enxergar além das aparências.

- **Mentor** – Esse arquétipo se expressa em todos aqueles personagens que ensinam e protegem os heróis e lhes dão certos dons. Com frequência, os mentores falam com a voz de um deus ou são inspirados pela sabedoria divina. Os mentores representam as mais elevadas aspirações dos heróis. São aquilo em que o herói pode se transformar, se persistir na sua jornada. Muitas vezes, o mentor foi um herói que sobreviveu aos obstáculos anteriores da vida e agora está passando a alguém mais jovem a dádiva de seu conhecimento e sabedoria. Ensinar ou treinar é uma função-chave do mentor. Eles tentam manter viva no herói a lembrança de um código moral ou sua fé.
- **Guardião de Limiar** – Todos os heróis encontram obstáculos durante sua jornada. Em cada portão de entrada de um Novo Mundo há guardiões poderosos defendendo esse limiar. Eles existem para impedir a passagem e a entrada de quem não for digno. Em um nível psicológico mais profundo, os guardiões representam nossos demônios internos: neuroses, cicatrizes emocionais, vícios, dependências e autolimitações que seguram nosso crescimento e progresso. Testar o herói é a função dramática primordial do guardião de limiar. Quando os heróis se confrontam com uma dessas figuras, precisam decifrar um enigma ou passar por um teste.
- **Arauto** – O arauto pode ser uma pessoa ou uma força que apresenta o chamado ao herói. O chamado pode vir de um livro, de um filme, de uma dificuldade, etc. Quando recebemos o chamado algo dentro de nós é tocado, nos coloca numa situação de desconforto, até que a mudança seja inevitável. O mentor costuma agir como arauto, desafiando o herói. O arauto também pode ser a amada do herói, um aliado ou ainda alguém neutro, como um pícaro ou um guardião de limiar.
- **Camaleão** – Durante a história, os camaleões mudam de aparência ou de estado de espírito. Tanto para o herói como para quem ouve a história, é difícil ter certeza do que eles são. Podem induzir o herói ao erro ou deixá-lo na dúvida, e sua lealdade ou sinceridade está sempre em questão. O camaleão tem a função dramática de trazer dúvida e suspense à história.
- **Sombra** – As sombras criam conflito e trazem à tona o que o herói tem de melhor ao colocá-lo em uma situação que ameaça sua vida: um inimigo forte obriga o herói a crescer. As sombras podem ser todas as coisas de que não gostamos em nós mesmos, todos os segredos obscuros que não queremos

admitir nem para nós mesmos. Como os outros arquétipos, também ela é um papel que pode ser vivido por qualquer personagem. Algumas vezes o principal mentor de uma história pode usar a máscara da sombra. Muitas figuras de sombras não se consideram vilões ou inimigos. De seu ponto de vista, um vilão é o herói da sua própria história, e o herói é o vilão dele. Sombras exteriores devem ser vencidas ou destruídas pelo herói. Sombras internas, características limitantes do herói, podem ser destituídas de seus poderes simplesmente por meio do artifício de removê-las das sombras e trazê-las à luz da consciência.

- **Pícaro** – Os pícaros podam os egos grandes demais, fazem os heróis se autoquestionarem. Ao provocar gargalhadas saudáveis, ajudam-nos a perceber nossos vínculos comuns, apontando as bobagens e a hipocrisia. Os pícaros, como bobos da corte, nos fazem rir de nossas próprias mazelas.

A jornada heroica é uma referência básica para criação de textos narrativos. Esse método foi adaptado para redações e apresentações, como as de negócio, as acadêmicas e as compartilhadas no TED.

8.2 Estrutura Situação/Complicação/Resolução (SCR)

Para assuntos pertinentes a negócios existe uma estrutura mais simples para criar histórias conhecida como Situação/Complicação/Resolução ou simplesmente SCR. Essa estrutura pode ser encarada como se fosse uma versão simplificada da jornada heroica.

Em uma história de negócios temos diferentes tipos de protagonistas, ou heróis, como o lucro da empresa, as vendas, o desempenho, dentre outros. Usamos essa estrutura para mostrar como nosso herói (por exemplo, a lucratividade) está em uma situação ruim, que requer mudanças drásticas por parte da empresa, e tentamos convencer a plateia sobre algumas alternativas de solução, convidando-a a agir ([MCKINSEY]).

Por meio da nossa apresentação devemos falar individualmente com cada pessoa da plateia, colocando-a no centro da ação. Cada pessoa deverá sentir-se como o herói da nossa história. Enquanto que nós, palestrante ou autor, devemos nos colocar na posição do mentor. Precisamos orientar, motivar, treinar e dar presentes que possam ajudar cada pessoa da plateia, na figura do herói, a vencer seus medos e entrar na jornada junto conosco.

Ao contar nossa história, precisamos tentar dialogar com a plateia, em vez de simplesmente narrá-la. A apresentação deve levar as pessoas da plateia (os heróis) a uma jornada que começa em seus mundos comuns e vai até nosso mundo especial (o do apresentador), por meio da aquisição de conhecimento e novas habilidades com base no que apresentaremos (por exemplo, um novo produto ou serviço).

A história deve ser dividida em três atos: Ato I – Situação; Ato II – Complicação (ou conflito); Ato III – Resolução (e transformação). Na figura seguinte há uma representação de como a sorte do herói, o principal protagonista da história, evolui com o passar do tempo.

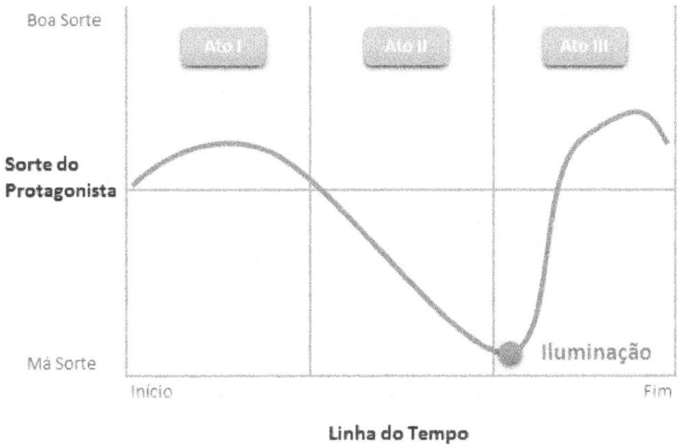

Figura 8.1. Ilustração de como a sorte do herói evolui ao longo dos três atos da história.

Ato I – Situação

No primeiro ato apresentamos detalhes sobre os personagens e a situação em que se encontram. Podemos usar informações estatísticas e sensoriais para construir uma imagem mental rica dos personagens, em especial do herói da nossa história. Nesta fase vamos desenvolver a ambientação da história, ou seja, vamos apresentar o herói, o ambiente onde vive e os seus principais desejos e desafios. Se o herói for uma pessoa, vamos apresentar suas características, relacionamentos e dificuldades. Se o herói for algo como lucratividade, despesas, vendas ou desempenho da empresa, podemos apresentar dados estatísticos e fatos.

O início costuma ser a parte mais difícil de uma apresentação que aplica *storytelling*. Conforme [MCKINSEY], algumas orientações básicas para apresentações de negócios são:

- No início devemos colocar para a plateia qual é a nossa situação atual, incluindo casos e histórias relevantes que demonstrem o problema central (perda de vendas, baixa produtividade, alta rotatividade de funcionários, etc.).

- Os dados mostrados no início da apresentação devem ser fundamentados em fatos reais, internos ou externos à instituição (empresa, escola, setor, etc.).
- Esses dados não devem gerar controvérsia – devem ser de conhecimento da plateia, que deve concordar com eles. Não é porque esses dados são incontroversos que são despidos de emoção. De fato, devemos gerar certo nível de tensão desde o início para capturar a atenção da plateia.

Em uma história de negócio devemos apresentar a situação atual do herói, assim como seus aliados e inimigos, no primeiro ato. Os inimigos normalmente são forças e situações que complicam a vida do herói, como recessão, inflação, desabastecimento, funcionários problemáticos, outras empresas, etc. Os aliados podem ser parceiros, necessidades urgentes de clientes, funcionários aliados, etc.

O primeiro ato termina quando acontece o **incidente iniciante**, um evento que gera desequilíbrio na vida do herói e o lança em direção à jornada. Trata-se de um evento provocador da trama, um chamado para aventura, um convite para o protagonista encarar o desafio apresentado, um evento que justifica o desenrolar da história. O incidente iniciante deve acontecer no início da história, após a ambientação, e promover uma ruptura no equilíbrio presente.

Ato II – Complicação (ou conflito)

O segundo ato é o mais longo dos três. Nesta etapa o herói enfrentará seus obstáculos e os conflitos se acentuarão, ocorrendo uma luta de forças opostas como amor e ódio, liberdade e escravidão, ganho e perda. Quanto maior o conflito, maior será o envolvimento emocional da plateia. Aconselha-se criar tensão por meio de contrastes; isso prende a plateia, já que a atenção das pessoas é instintivamente capturada por dilemas.

Durante a jornada surgem complicações progressivas, provocadas pelas dificuldades que o herói tem que enfrentar. As complicações se estendem por toda a trama, até o clímax, no terceiro ato. Para dar maior emoção à história é importante que as complicações surjam de maneira progressiva, em um crescente, em uma sequência de causa e efeito ([GALVÃO]).

Em uma história de negócios, nesta fase vamos mostrar os conflitos e desafios que o herói está enfrentando na forma de tendências e previsões. Por exemplo, a tendência e previsão das vendas, dos custos, do desempenho, etc. Embora a palavra "complicação" tenha uma conotação negativa, as forças de mudança pertinentes podem exaltar problemas ou explorar oportunidades. Devemos apresentar os problemas e desafios e depois abordar os detalhes, como provas e fatos. Conforme descrito em [MCKINSEY], a informação apresentada (argumentos que demonstram a complicação da situação) deve ser coesa, dura e chocante. A percepção geral deve ser de que a situação é catastrófica para nosso herói. A plateia pode duvidar do que está sendo dito e se perguntar: "quais são suas provas e como você pode estar certo disso?". Devemos responder a essa pergunta explorando fatos, exemplos, cálculos, gráficos de tendência, referências, simulações, riscos e analogias.

Ato III – Resolução (e transformação)

No terceiro ato acontece a crise central da história, quando o herói enfrenta seu maior desafio. Esta fase final está dividida em três partes, como sugerido em [GALVÃO]:

- **Crise** – Após uma série de complicações progressivas o protagonista chega ao seu maior desafio, quando precisa tomar uma decisão que determinará o rumo da sua vida.
- **Clímax** – O herói toma uma decisão e escolhe um caminho que o leva ao clímax, quando deverá usar forças que nunca usou em outros momentos da história. Nos filmes, essa cena normalmente acontece quando os heróis encontram seus arqui-inimigos face a face. Trata-se da batalha final de vida ou morte. Segundo [GALVÃO], o clímax não precisa obrigatoriamente envolver uma cena de ação. Também pode estar associado a um momento de despedida, a um abraço, à assinatura de um contrato, à descoberta da solução de um problema, etc. No clímax acontece um evento de iluminação. Este é o evento em que o mentor apresenta um ensinamento ou dá um conselho-chave ao herói. Nós, enquanto oradores, podemos apresentar essa informação na forma de uma citação, por exemplo. Trata-se da lição que cada pessoa da plateia precisa aprender e levar consigo. No caso de uma apresentação de negócios, pode ser um *insight* para que a situação atual possa ser revertida.
- **Resolução** – A consequência do clímax é a resolução do problema vivido pelo herói, mais um momento de iluminação. O conflito termina e o herói vivencia uma transformação, que pode ser de caráter pessoal, no ambiente ou nos demais personagens.

No terceiro ato a plateia se pergunta: "como vamos sair desta situação? Como vamos resolver essa bagunça?". Segundo [MCKINSEY], normalmente existem três maneiras de resolver um problema. Primeiro podemos tomar ações padrão e de baixo risco, como otimizações básicas de processos – ações de baixo impacto. Em um segundo nível, podemos optar por ações mais radicais, de alto risco, que levam a inovações e rupturas radicais. Finalmente, por último, podemos optar por manter tudo como está e não fazer nada. As alternativas devem ser apresentadas em ordem decrescente de impacto. Dessa forma podemos reduzir o nível de ansiedade que foi criado ao final do segundo ato. Normalmente os personagens buscam gastar a menor energia possível para obter o melhor resultado que puderem – trata-se da lei do mínimo esforço. As empresas normalmente optam por começar com ações para corrigir problemas básicos de processos. Elas vão abordar alternativas mais radicais apenas quando as básicas falharem. As alternativas apresentadas na resolução devem ser estruturadas de forma hierárquica e apresentadas usando a abordagem de varredura em profundidade (ver o tópico "Detalhes informativos em uma história de negócios", logo a seguir). Se a plateia apresentar objeções, especialmente quando as alternativas forem muito radicais, devemos tratá-las imediatamente, para que ela possa acompanhar o restante da história sem bloqueios.

Como finalizar a história? Apresentamos a mensagem final, que deverá ficar gravada na mente de cada pessoa. Essa mensagem deve ser curta, assim será facilmente memorizada. Trata-se de uma mensagem do tipo "chamado para aventura" e deve ser bastante específica no que diz respeito a quais ações esperamos que as pessoas realizem. Deve ser simples e objetiva, não uma lista de tarefas, mas uma visão clara de uma nova realidade. O prêmio final deve ser proporcional ao tamanho do sacrifício realizado pelo herói.

Detalhes informativos em uma história de negócio

Devemos organizar os assuntos da nossa história na forma de uma árvore hierárquica, como mostrado na figura seguinte. Cada nó pode representar um fato, um argumento, um exemplo, uma analogia e assim sucessivamente. A sequência em que abordamos cada assunto ou item dessa árvore é chamada de sequência de varredura. Há dois métodos: varredura em profundidade e varredura em largura. Em ambos os métodos a varredura começa pela "raiz" da árvore.

- **Varredura em profundidade** – Quando chegamos a um nódulo que contém múltiplos vizinhos no mesmo nível, antes de ir para um desses vizinhos, nós visitamos primeiro todos os nós do nível seguinte.
- **Varredura em largura** – Quando chegamos a um nó que contém múltiplos vizinhos no mesmo nível, primeiro visitamos esses vizinhos e só depois avançamos para os nós do nível seguinte.

À medida que avançamos em nossa história, precisamos relembrar ao público onde estamos na árvore. Em apresentações com *slides* podemos mostrar um *slide* com o sumário, por exemplo.

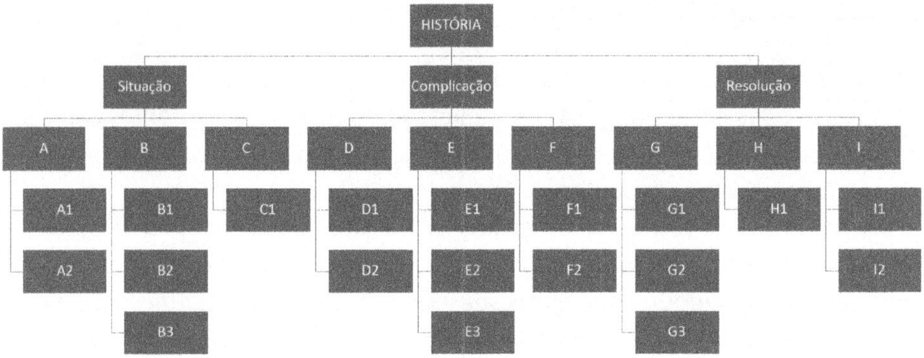

Figura 8.2. Exemplo de estrutura com os detalhes da história.

À medida que a apresentação evoluir, devemos ir tão profundamente nessa hierarquia quanto for necessário para se fazer entender – por exemplo, para introduzir o problema. Devemos nos aprofundar no assunto somente o suficiente para que a plateia entenda o que precisa ser entendido. Em uma apresentação de negócio, o que queremos é que os tomadores de decisão aprovem nossa proposta. Logo, não há necessidade de abordar outros tópicos depois que conseguirmos essa aprovação. Devemos parar no nível de detalhe que for suficiente para nossa intenção – gerar a tensão necessária de **complicação**, demonstrar a **situação** ou apresentar uma proposta de solução na **resolução**.

Ao desenvolver a história e abordar cada um dos pontos planejados, devemos intercalar conteúdo informativo e emocional. Segundo [GALLO], essa abordagem nos ajuda a prender a atenção da plateia, melhorando significativamente o nível de retenção. Deveríamos evitar os dados analíticos, usando em seu lugar um conteúdo emocional equivalente, conforme mostrado na tabela seguinte.

Tabela 8.1. Conteúdo emocional *versus* dados analíticos.

Conteúdo analítico	Conteúdo emocional
Diagramas	Histórias biográficas ou fictícias
Características	Benefícios
Dados	Analogias, metáforas, anedotas, parábolas
Evidências	Dramatização
Exemplos	Imagens evocativas
Casos de estudo	Desafios
Amostras	Humor
Processos	Surpresas
Fatos	Presentes

Por onde começar a história

Como devemos iniciar uma história? Conforme [MCKINSEY], podemos começar com qualquer uma das partes: situação, complicação ou resolução. Podemos começar a contar a história por qualquer uma das etapas, dependendo de como desejarmos afetar a emoção do nosso público.

Se nossa plateia estiver muito ansiosa, devemos começar com a resolução, ou seja, pelo fim. Para que essa abordagem surta um efeito tranquilizante, precisamos estar muito convencidos de que as pessoas vão entender e aceitar facilmente nossa recomendação como sendo uma boa alternativa para a solução do problema em discussão. Caso contrário, podemos gerar mais prejuízos do que benefícios. Além do mais, começar pelo fim acaba com a tensão dramática da narrativa e pode transformar a história em uma experiência chata e cansativa. Devido ao risco de causar uma grande tensão ou uma tensão nula, devemos adotar essa abordagem somente em situações muito específicas.

Se a plateia for excessivamente complacente, podemos começar a história pela fase de complicação, o que criará um senso de urgência. Seria o equivalente a começar um filme no meio de uma cena de ação. Por exemplo, uma cena de perseguição com carros em alta velocidade. Em apresentações de negócio, normalmente os tomadores de decisão não são complacentes. Logo, nesses casos, não seria sensato criar tensão logo no início de uma apresentação.

Iniciar pela fase de resolução normalmente deixa o resto da apresentação muito morna. Iniciar pela complicação introduz muita tensão logo de entrada. O ideal, então, é começar pela situação, que busca responder à pergunta "qual é nossa situação e como viemos parar aqui?". A situação coloca a plateia dentro do contexto que desejamos, portanto costuma ser a melhor forma de iniciar uma apresentação.

8.3 Um exemplo prático – Uma história de negócio

A seguir temos, como exemplo, uma história compartilhada pela Compugraf, como meio de divulgar seus produtos de Segurança da Informação.

É possível pagar contas pela internet com segurança?

O Tony Silva é uma pessoa comum nascida nos anos 80. Ele tem boa formação e emprego fixo como Gerente Administrativo de uma multinacional de bebidas. Tony viu o início da era digital e está usufruindo muito bem dela – tem cartão de crédito, conta bancária e, como todas as pessoas, muitas contas para pagar.

Adaptou-se muito bem às novas tecnologias. Quase não pega filas nos bancos, resolve tudo pela internet usando seu computador ou *smartphone*. Normalmente resolve essas questões antes de começar o seu expediente. Sempre que as contas estão prestes a vencer, acessa seu *internet banking* e paga os boletos, contas de serviços públicos e assinaturas em poucos minutos, nada de perder tempo em filas, trânsito ou transporte público.

Tony era uma pessoa feliz até 8 de maio de 2015... naquela manhã ele observou que algo errado acontecera. Ao acessar sua conta bancária para pagar suas contas, uma mensagem estranha apareceu. Informava que não havia saldo disponível! Checou seu extrato. Viu que no dia anterior seu salário havia sido depositado. Também viu que todo o valor havia sido transferido para outra conta – que ele não conhecia. Ainda era muito cedo e não dava para ligar para o gerente do seu banco. Então resolveu conferir suas aplicações... entrou em choque quando percebeu que o saldo dos investimentos era o mesmo de sua conta corrente – R$ 0,00! Seu coração disparou e começou a suar frio!

A essa altura ele já estava sem saber o que fazer. Avisou seu chefe que precisava sair e foi direto ao banco. Na conversa com o gerente descobriu que todas as transações, pelo menos perante o banco, haviam sido feitas por ele próprio. Seu salário havia sido transferido para outra conta usando as credenciais e a senha dele. Os investimentos de toda a sua vida estavam naquele banco e também haviam sido retirados "por ele" no dia anterior. Ouviu que nada poderia ser feito. Como era de se esperar, ele ficou furioso! Afirmou que não tinha feito nada daquilo e que queria seu dinheiro de volta. Procurou uma delegacia, registrou uma ocorrência e foi orientado a aguardar a investigação.

As contas do mês não poderão ser pagas, não sabe se conseguirá fazer suas compras rotineiras e necessárias porque teve que cancelar seus cartões...

E quanto às demais pessoas da sua empresa? Lá a vida continuava normalmente, cada um fazendo seu trabalho, salvo um comentário ou outro de quem sabia o que tinha ocorrido com o Tony. Todos os dias, no final da manhã, o pessoal do departamento financeiro faz o pagamento das contas da empresa. Os fornecedores enviam boletos por e-mail e esses são impressos e enviados ao banco para serem pagos no caixa, com cheques. O que o pessoal ainda não sabia era que o mesmo vírus que havia infectado o computador do Tony, já havia se espalhado pelos computadores de vários funcionários.

Esse vírus tinha várias capacidades. Primeiro, quando uma pessoa acessa sua conta a partir de um computador infectado, o vírus captura os dados da conta e a senha e depois transmite para o criminoso (em algum lugar na internet). Segundo, ele altera o código de barras de qualquer boleto impresso no computador infectado – quando o boleto é pago o dinheiro vai para a conta do criminoso. Os vírus, em geral, são conhecidos tecnicamente como *malware,* e esse que atacou o Tony e sua empresa, está numa categoria chamada, pelos especialistas, de *Ameaça Avançada*. São assim conhecidas, pois elas têm a capacidade de se esquivar dos sistemas de antivírus. São como um vírus mutante.

Várias pessoas e empresas são vítimas desses *malwares*. Infelizmente, mesmo as pessoas que tomam muitos cuidados com seus dispositivos também são alvos de crimes como esses, difíceis de serem evitados.

Algumas empresas se especializaram em ajudar outras empresas e pessoas a se protegerem de ameaças como essas. Novas tecnologias permitem analisar o comportamento dos arquivos recebidos por e-mail e baixados da internet. Podem identificar se há alguma ameaça oculta em arquivos trabalhando enquanto visualizamos seu conteúdo. Podem inspecionar arquivos de textos PDF ou DOC, planilhas XLS, apresentações PPT, dentre outros. Se o arquivo estiver comprometido, o *malware* será removido e o destinatário receberá uma versão segura do arquivo. Com uma solução dessas, a empresa do Tony teria seu ambiente protegido contra este e outros tipos de ameaça.

E qual é a responsabilidade do banco nesse crime sofrido pelo Tony e sua empresa?

Apesar de não ter controle sobre o computador dos seus correntistas, o banco é responsável por prover um acesso seguro. Para aceitar as transações pela internet, deve prover meios de validar a identidade das pessoas. Existem tecnologias para identificar acessos suspeitos às transações, para proteger as senhas dos clientes enquanto eles as digitam, para bloquear alterações nas páginas dos sites, dentre outros recursos.

A Compugraf pode proteger sua empresa, seu dinheiro e sua imagem. Implementamos soluções de proteção Antifraude, Ameaças Avançadas, *Anti-Bot* e *Anti-Malware,* dentre outras, para resolver as questões de segurança das pessoas, das empresas e dos bancos. Elas permitem mitigar os riscos e aumentar a segurança no mundo digital. Assim cada um pode se preocupar apenas com seu negócio, sabendo que o seu ambiente está seguro.

E o Tony? Perdeu tudo mesmo? Não! Para proteger a imagem da marca, o banco assumiu o prejuízo e devolveu o seu dinheiro. Agora ele sempre se certifica de que sua empresa tem as ferramentas de segurança digital adequadas. Conversa frequentemente com o Gerente de TI para saber se estão atualizadas e continua usando a tecnologia a seu favor.

Autor: José Ricardo Batista, Engenheiro de Soluções de Segurança da Informação

8.4 Resumindo

Antes de construirmos uma história precisamos definir com clareza que objetivo estamos buscando com essa comunicação e então estabelecer alguns dos elementos básicos: a ideia governante, o universo da história, o protagonista (herói) e seu desafio ou desejo, as forças antagônicas contra as quais ele irá lutar e a transformação. Segundo [GALVÃO], esses elementos estão presentes tanto no modelo da jornada heroica como no SCR, e são eles:

- **Ideia governante.** Está associada à mensagem central que desejamos que a plateia memorize depois de contarmos a história. Essa ideia deve permear o principal valor que pretendemos transmitir por meio da história.
- **Universo da história.** Refere-se ao ambiente e ao tema em torno do qual a história irá transitar. Trata-se do contexto e dos limites da comunicação, como apresentar um determinado produto ou vender uma ideia, por exemplo. O universo da história nos impõe alguns limites como: tempo disponível, perfil e desejos da plateia, trama da história, uso de metáforas específicas, período em que a história ocorre, características do protagonista e outros personagens, etc.
- **Protagonista e outros personagens.** É o herói que tem um grande desafio ou desejo que irá buscar durante o desenrolar da trama. Inicialmente precisamos definir quem é esse herói e quais serão os personagens secundários. O protagonista não precisa ser uma pessoa, embora deva ser humanizado. Também poderá ser um animal, produto, ideia, empresa, etc. Depois que definirmos o protagonista, precisamos estabelecer suas características: idade, sexo, estilo de vida, personalidade, etc., que revelem sua identidade. É importante lembrar que, assim como ocorre com qualquer pessoa, um bom personagem deve ter qualidades e fraquezas, pontos fortes e fracos. São es-

sas características humanas que fazem com que as pessoas se identifiquem com o herói. A maneira como ele lida com os desafios e faz suas escolhas quando está sob pressão revela suas características e valores, fazendo com que a plateia crie empatia por ele. Quando nos emocionamos ao assistir um filme, é porque nos identificamos com o personagem. Ao desenvolver o perfil do protagonista, precisamos definir qual será seu maior desejo ou desafio, que será abordado no decorrer da história. Pode ser um amor, a superação de uma dificuldade, a melhoria das suas vendas, a liderança de uma equipe, etc. O desejo do herói de enfrentar e conquistar seu desejo irá mover a trama. Quanto mais difícil for o processo para o herói, maior a emoção.

- **Forças antagônicas.** São os obstáculos que o protagonista irá enfrentar, tornando sua caminhada difícil. São as dificuldades enfrentadas pelo herói que conferem emoção à narrativa. As forças antagônicas podem representar conflitos com homens, máquinas, instituições, natureza, governos, etc. No mundo corporativo também poderia representar o conflito com outras empresas, produtos concorrentes, novas legislações, etc.
- **Transformação.** Ao final da história, depois que nosso herói vencer as forças antagônicas, ele deverá passar por uma transformação, tornando-se alguém melhor. Precisamos definir que transformações iremos buscar para nosso herói.

Depois que definirmos esses elementos iniciais, estamos prontos para iniciar a construção da trama, conforme demonstrado nas duas figuras seguintes. Na primeira estão representados os estágios e principais elementos da jornada heroica e da estrutura SCR, de forma combinada. Na segunda figura há um resumo do processo de desenvolvimento das histórias. As etapas de uma história estão divididas nos três atos. O eixo vertical representa o grau de tensão ao qual o herói está submetido e o eixo horizontal, a linha do tempo. Os valores no eixo horizontal representam (percentualmente) a duração típica de cada estágio da história. Os números entre parênteses representam as etapas da história, conforme a Jornada Heroica.

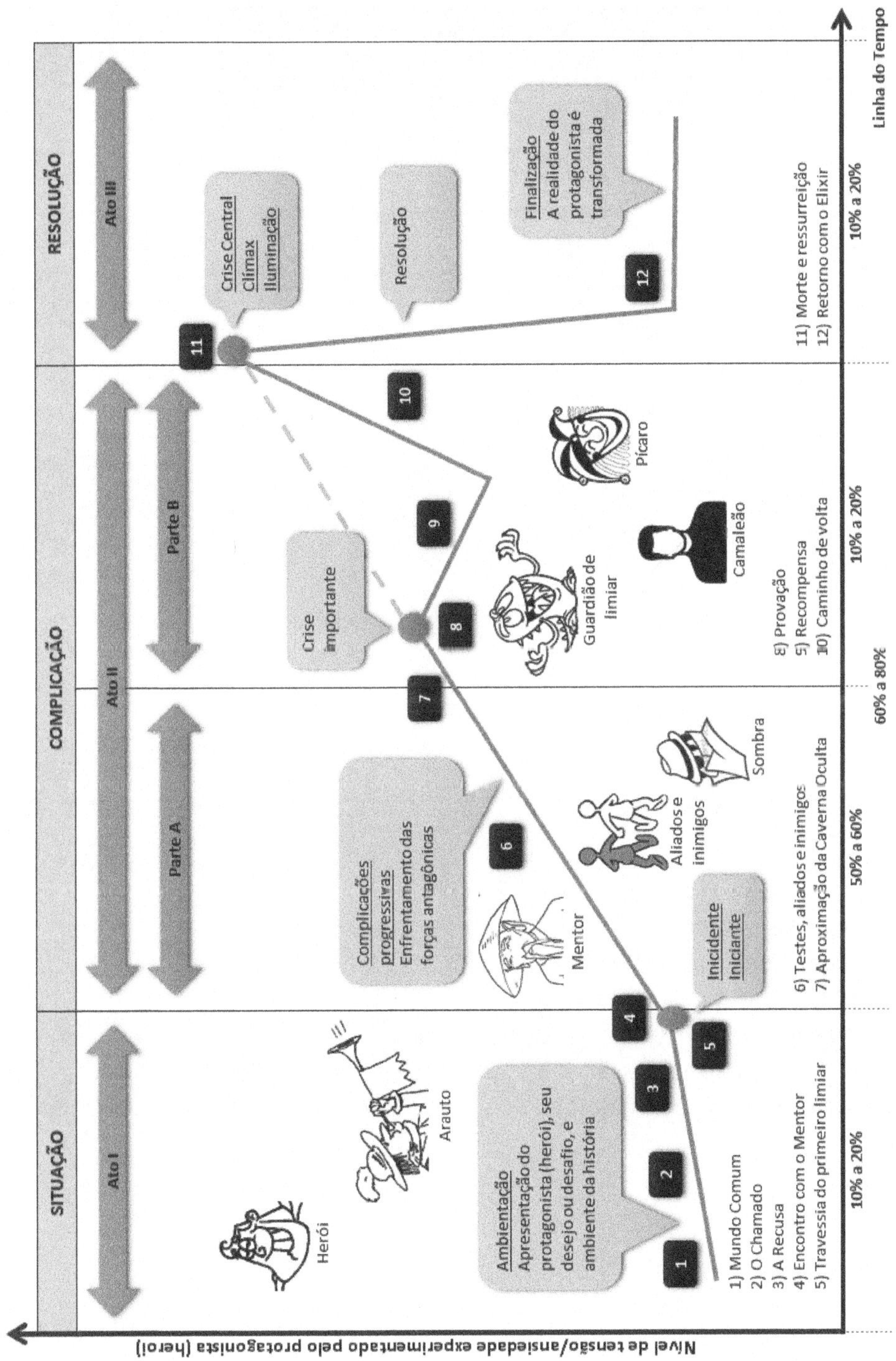

Figura 8.3. Elementos que compõem a estrutura de uma história.

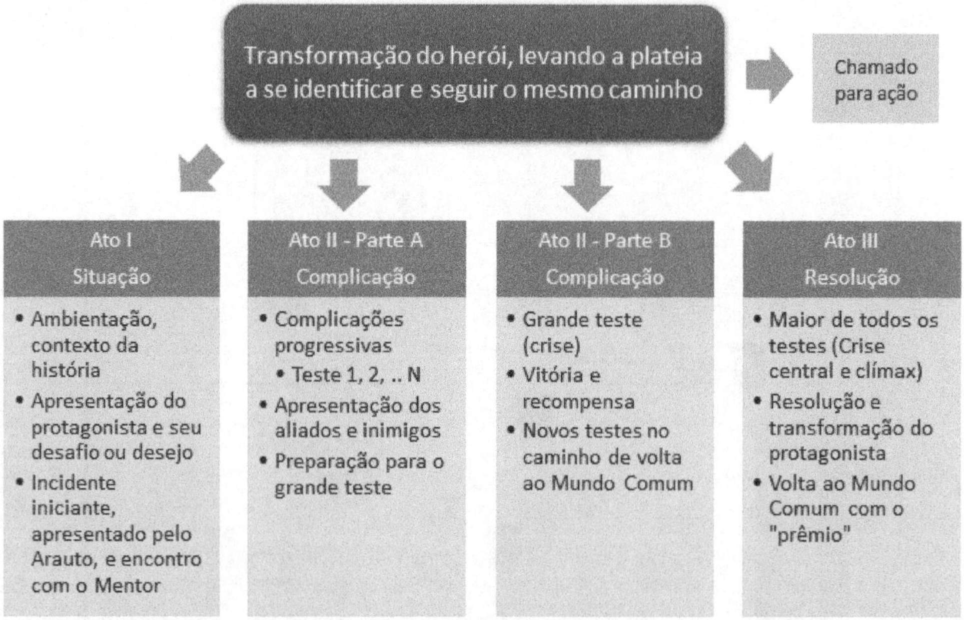

Figura 8.4. Mapa da mensagem considerando os elementos de uma história.

Segundo o SCR, a jornada é dividida em três atos:

Ato I

- *Era uma vez...*
  - Apresentamos o herói (protagonista), os principais personagens, o ambiente e o contexto em que estão vivendo.
- *Que todos os dias...*
  - Mostramos a rotina e os rituais do protagonista.
- *Até que um dia...*
  - Prenunciamos a chegada de um conflito.
  - Acontece o incidente iniciante que lança o protagonista na jornada.
  - O herói pode ficar relutante, mas encontra o encorajamento de um mentor.

Ato II
• *E por causa disso...* ○ O herói reage ao incidente iniciante. Em uma relação de causa e efeito, uma reação o leva a outra situação que exige uma nova reação. ○ Nessa jornada ele faz aliados e descobre quem são seus inimigos (pessoas, natureza, hábitos, medos, etc.). • *E por causa disso...* ○ Os eventos levam o herói por uma sequência de complicações progressivamente mais complexas, que o preparam para um desafio maior. • *Até que chega um grande desafio...* ○ O herói enfrenta um grande teste de vida ou morte que o prepara para o clímax. • *Mas ele vence...* ○ O herói supera o grande desafio e volta com seu prêmio.
Ato III
• *Até que finalmente veio o maior desafio de todos...* ○ No caminho de volta o herói terá que enfrentar o maior de todos os seus medos – esta é a grande crise da história. ○ Tal crise é sucedida pelo clímax, o momento do grande confronto. • *Ele supera e desde então...* ○ O herói tem um momento de iluminação, quando vence o seu maior medo. ○ Talvez ele precise do apoio do seu mentor, para aprender algo novo ou ganhar algum "poder" do qual precisava. ○ Trata-se da resolução que transforma o herói e sua situação. ○ A partir desse momento ele muda sua realidade e a do seu mundo. Agora ele poderia atuar como mentor de outras pessoas que passarão por uma jornada semelhante.

Ato I – Situação

O primeiro ato tem duração de 10% a 20% do total da história. Nesta etapa o protagonista é apresentado, assim como seu desafio, mais o evento que o lança em direção à trama. O primeiro passo consiste da ambientação, na qual a plateia conhece o protagonista e desenvolve empatia por ele – trata-se do Mundo Comum (1) onde vive o herói.

Segundo a jornada heroica, o herói irá relutar (3) em encarar o desafio ou chamado (2). Mas, depois do seu encontro com um mentor (4), que pode ser uma pessoa, um objeto, um livro, uma revelação de Deus, etc., ele decide encarar a jornada (5). Podemos assumir que esses elementos compõem o **incidente iniciante**, um evento que gera desequilíbrio na vida do herói e o lança em direção à jornada. Trata-se de um evento provocador da trama, que justifica o desenrolar da história.

O incidente iniciante deve acontecer no início da história, após a ambientação, e promover uma quebra no equilíbrio apresentado. Segundo [GALVÃO], precisamos ficar atentos ao fato de que o incidente iniciante deve acontecer no momento certo – nem muito cedo nem muito tarde. Se demorar a chegar, a plateia pode se desinteressar pela história; se chegar muito cedo pode ser que a plateia ainda não esteja envolvida o suficiente com o protagonista e não se comova com seu desafio. Para definir o incidente iniciante precisamos considerar:

- Os dilemas do herói.
- Eventos que podem trazer desequilíbrio para a vida do herói.
- O desejo ou desafio que o herói passa a ter após o evento.
- Possíveis perdas que ele enfrentará após o incidente.
- Possíveis ganhos que ele terá se sair vitorioso.
- A relação entre o desafio do herói e os desafios da audiência.

Ato II – Complicação

O segundo ato é a parte mais longa, tem duração de 60% a 80% do tempo total da história e está dividido em duas partes. Na primeira parte o herói enfrenta vários desafios, é testado e conhece seus aliados e inimigos (6). Na segunda parte ele terá que enfrentar um grande desafio (8), que o prepara para o clímax do terceiro ato.

Durante a jornada surgem as complicações progressivas, que se estendem por toda a trama, até o clímax, no terceiro ato. Para dar maior emoção à história é importante que as complicações surjam de maneira crescente, em uma sequência de causa e efeito. Assim a complexidade da história vai aumentando aos poucos. O nível de tensão do herói também cresce progressivamente, à medida que a plateia vai recebendo novas informações e vivenciando cada estímulo ao seu tempo.

Na segunda parte do segundo ato acontece um ponto de virada (8) que muda o rumo da trama. Nesta etapa o herói chega à fronteira de um evento perigoso (7), quando terá que enfrentar seu maior inimigo (um vício, um medo, etc.).

Ele terá um confronto direto com seu maior medo (8) e enfrentará a possibilidade da morte (real ou figurada). Será levado ao extremo em uma batalha contra uma força hostil. A plateia ficará em suspense e em tensão, sem saber se ele viverá ou morrerá.

Após sobreviver à morte (9), o herói terá motivos para celebrar e poderá se apossar do "tesouro" que veio buscar – prêmio, conhecimento ou experiência, que o conduzem a uma compreensão maior do mundo.

Finalmente o herói decide voltar ao seu Mundo Comum, mas ele sabe que ainda há perigos, tentações e testes à sua frente. O caminho de volta (10) é um ponto de mudança de direção que marca a passagem do segundo para o terceiro ato. Este último ponto de virada deverá ser o mais impactante de todos.

Ato III – Resolução

No terceiro ato acontece o final da história, que deve ser uma grande recompensa para a plateia. Sua duração normalmente varia de 10% a 20% do tempo total. Nesta fase acontece a crise central, quando o herói enfrenta seu maior desafio. Ela está dividida em três partes:

- **Crise** – O herói enfrenta o maior desafio e precisa tomar uma decisão que determinará o rumo da sua vida.
- **Clímax** – O herói toma uma importante decisão e escolhe um caminho para lidar com a crise.
- **Resolução** – A consequência do clímax é a resolução do problema vivido pelo herói. Trata-se de um momento de **iluminação**, que faz com que o herói passe por uma transformação.

Em apresentações de negócios, o final do terceiro ato é o momento ideal para conquistarmos a adesão da plateia. Nesse momento devemos deixar uma mensagem recapitulando o que esperamos que as pessoas da plateia façam. Também podemos relembrar os pontos principais da nossa apresentação e deixar um convite para a ação. Por exemplo, a resolução da nossa história poderia mostrar como ficou a vida do protagonista após adotar nosso produto ou serviço (ou depois de seguir nossas recomendações). Assim deixaremos um convite explícito para que as pessoas tomem a mesma decisão que foi tomada pelo herói da nossa história.

9
Pensamento Crítico e Argumentação

Ferramenta para dissecação do nosso pensamento ou de terceiros, expresso por meio de uma afirmação escrita ou oral. O objetivo é validarmos a estrutura e qualidade do pensamento, a fim de evitarmos raciocínios fracos ou errôneos. Esta abordagem foi inicialmente concebida por Sócrates, 400 anos antes de Cristo, e depois aprimorada por outros filósofos. Quando pensamos criticamente, consolidamos nosso conhecimento.

O pensamento crítico é um meio para dissecarmos a estrutura do pensamento, nosso ou de outra pessoa, num diálogo ou texto escrito (artigo, livro, pesquisa, etc.). Segundo [ELDER1], é uma abordagem de pensamento para refletir, sozinho ou em grupo, sobre um assunto ou tema. Também podemos usar essa abordagem para resolver problemas, em especial para avaliar a situação atual e alternativas.

Uma das principais dimensões do pensamento crítico é a argumentação. Argumentar é o mesmo que oferecer razões ou evidências para defender uma conclusão, implicação ou consequência. Quando argumentamos partimos de premissas e razões, que nos levam a outras premissas e razões, e assim sucessivamente até chegarmos a uma conclusão. Fazemos isso raciocinando de forma estruturada e justificada. Algumas formas comuns de articular um bom argumento são por meio de generalizações, analogias, relações de causa e efeito, e por dedução ou indução. Argumentos são usados para dar suporte a certos pontos de vista com razões e podem ser expressos de forma escrita ou verbal. A argumentação é um dos pilares do pensamento crítico.

9.1 Pensamento crítico

As origens do pensamento crítico são antigas, remontando à prática de ensino de Sócrates há 2.400 anos. Sócrates aplicava um método de sondagem fundamentado em questionar as pessoas que tinham dificuldades para justificar racionalmente suas opiniões. Elas pensavam de forma confusa, usavam evidências inadequadas ou se baseavam em crenças contraditórias. Sócrates demonstrou que, mesmo usando argumentos válidos e bem estruturados, essas pessoas ainda podiam estar redondamente equivocadas. Ele estabeleceu a importância de fazer perguntas para sondar profundamente o pensamento alheio antes de aceitar suas ideias como dignas de confiança [ELDER2].

A todo o momento, de forma inconsciente, estamos criticando nosso pensamento e o de outras pessoas. Por exemplo, criticamos nossos pensamentos quando decidimos onde almoçar, que livro ler, dentre outras situações. Quando pensamos, atribuímos significado às situações em nossas mentes, normalmente de forma inconsciente. Por exemplo, se vemos o céu nublado, intuímos que vai chover.

Conforme [ELDER1], o pensamento crítico, ou seja, o raciocínio que fazemos sobre algo, normalmente se torna explícito somente quando somos desafiados. Por exemplo, quando alguém contraria uma decisão que tomamos ou quando precisamos convencer outra pessoa sobre nossa linha de pensamento. Nessas situações precisamos raciocinar para justificar nossas ideias e pontos de vista, buscando um significado mais profundo para as várias dimensões do nosso pensamento.

Quando raciocinamos, desenvolvemos conclusões com base em razões. Elder afirma, em [ELDER1], que "a qualidade do nosso raciocínio será muito melhor se entendermos o processo intelectual que está por trás dele". O pensamento crítico nos capacita a criticar nosso raciocínio, assim como a desafiar o pensamento de outras pessoas. As dimensões do pensamento estão representadas na figura seguinte. São elas:

- **Estrutura do pensamento** – Funciona como um guia para focarmos em partes do pensamento. Podemos encarar esta dimensão como um *checklist* para avaliarmos a completude do raciocínio, nosso ou de alguém mais. Todo raciocínio começa com um propósito, que pode ser traduzido em uma pergunta-chave que buscamos responder. O raciocínio implica em uma inferência, que toma por base dados e informações relevantes, premissas e conceitos previamente conhecidos. O raciocínio também deve considerar diferentes pontos de vista e resulta em implicações ou consequências.

- **Qualidades do pensamento** – Trata-se de características que incorporamos ao nosso pensamento para torná-lo mais claro, preciso, verossímil, relevante, abrangente e justo. Serve de base para validarmos a integridade do pensamento.
- **Virtudes do pensamento** – São características que indicam a grandeza do pensador e seu intelecto, como humildade, coragem, integridade, dentre outros.

O pensamento crítico consiste na monitoração sistemática do pensamento com foco em sua melhoria [ELDER2]. Pode ser usado para avaliar o conteúdo de um livro, artigo, apresentação, afirmação, crença, para resolver problemas, etc. O instituto *Critical Thinking*, cujo portal está em <www.criticalthinking.org>, fornece definições, orientações, treinamentos e vasta literatura sobre o assunto. Este capítulo foi desenvolvido com base nesse conteúdo.

Dimensões do pensamento

O pensamento ou raciocínio é composto por várias dimensões. Na figura anterior elas aparecem de forma segregada, mas na verdade estão interconectadas. Se alterarmos os propósitos de uma ideia, também precisamos alterar a questão (pergunta-chave) e, consequentemente, afetar as implicações, e precisaremos de novas informações ou dados para inferir. Quando entendemos os componentes que constituem essas dimensões, representados na figura seguinte, podemos pensar criticamente de forma mais eficiente.

Para validar cada dimensão do nosso pensamento devemos formular perguntas para desafiar nosso raciocínio. Como afirma o autor, em [ELDER2]: "o raciocínio é guiado por perguntas, não por respostas. As perguntas estimulam o raciocínio, enquanto as respostas podem levantar bloqueios. (...) Áreas de conhecimento nasceram porque alguém formulou perguntas que inspiraram outras pessoas que, ao buscar por respostas, geraram novas perguntas". Por exemplo, na área da astronomia, foram formuladas perguntas como: onde estamos? Existe vida em outros lugares fora da Terra? O universo é infinito? Como o universo surgiu? Se formularmos perguntas superficiais teremos um entendimento superficial; perguntas obscuras resultam em respostas obscuras.

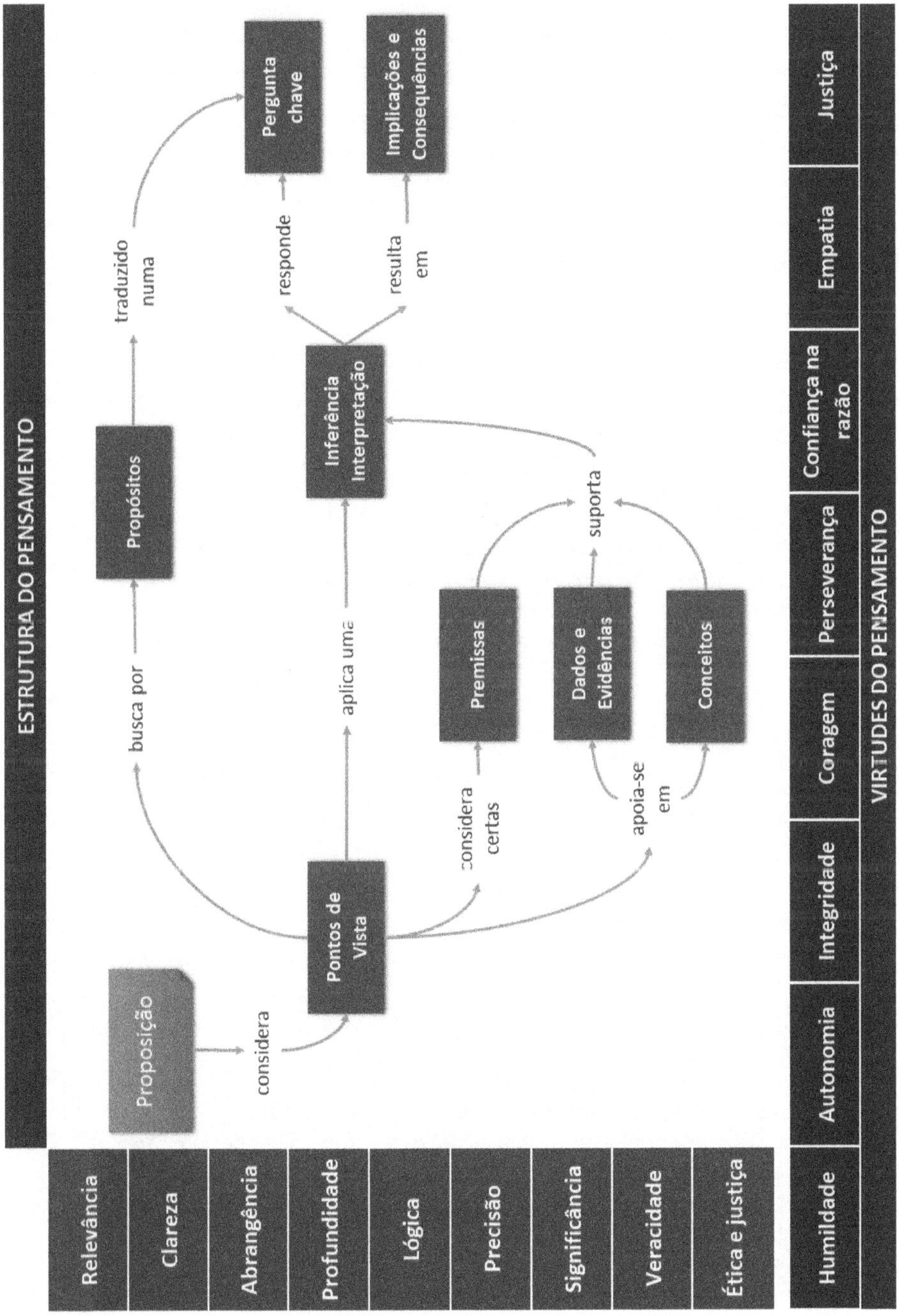

Figura 9.1. Dimensões do pensamento (adaptado de [ELDER2]).

Qualidades do pensamento

Esses aspectos nos permitem avaliar a qualidade do pensamento, que guiam nosso raciocínio e julgamento na direção correta. São aspectos universais do intelecto praticados por pessoas sensatas [ELDER2]. Aplicam-se aos elementos que compõem a estrutura do pensamento, indicados na figura anterior.

Os elementos que compõem as qualidades do pensamento estão na tabela seguinte. Para cada item temos alguns exemplos de perguntas que poderíamos formular para desafiar o entendimento.

Tabela 9.1. Perguntas para validar a qualidade do pensamento (adaptado de [PAUL]).

Aspecto	Descrição	Exemplos de perguntas
Relevância	O raciocínio deve estar relacionado com a matéria em discussão. O pensamento indisciplinado leva as pessoas a vagarem de um assunto para outro, não relacionado com o assunto central.	Qual é o assunto central? Como isso está conectado com o assunto central? Como isso suporta o assunto que estamos discutindo?
Clareza	O raciocínio deve ser compreensível. Os pensamentos e ideias levantados devem ser entendidos por todos os envolvidos na discussão.	Podemos esclarecer melhor este ponto? Podemos explicar de outra forma? Podemos dar um exemplo ou ilustração ou analogia para facilitar o entendimento? O que queremos dizer com...?
Abrangência	O raciocínio deve considerar múltiplas visões diferentes.	Precisamos considerar outros pontos de vista? Haveria outra forma de encarar a questão? Como seria sob o ponto de vista oposto? Estamos sendo muito conservadores ou liberais?
Profundidade	O raciocínio deve lidar com a complexidade da matéria. Sempre que não entendermos a posição do nosso interlocutor devemos fazer perguntas (com o devido grau de profundidade) para buscar a compreensão.	A questão é simples ou complexa? O que a torna complexa? Como estamos lidando com essa complexidade? Estamos levando em conta os principais fatores?
Lógica	O raciocínio deve ser coerente, não deve haver contradições entre os elementos que o compõem.	Isso realmente faz sentido? Isso realmente pode ser derivado do que foi dito?
Precisão	O raciocínio deve ser exato e considerar um nível de detalhes adequado.	Podemos obter mais detalhes? Podemos ser mais específicos? Os dados estão corretos?

Tabela 9.1. Perguntas para validar a qualidade do pensamento (adaptado de [PAUL]).

Aspecto	Descrição	Exemplos de perguntas
Significância	O raciocínio deve ter foco naquilo que é importante, deve evitar o trivial.	Este é o problema mais importante a ser considerado? Este é realmente o ponto central? Quais são os fatos mais importantes?
Veracidade	O raciocínio deve ser livre de erros ou distorções, deve ser verdadeiro.	Isso é mesmo verdade? Como poderíamos verificar? Como podemos comprovar?
Ética e justiça	O raciocínio deve ser justificável, não pode priorizar o benefício próprio de nenhuma das partes interessadas.	Estamos considerando todos os pontos de vista com o mesmo peso? Estamos distorcendo alguma informação para manter nossa visão tendenciosa? Estamos mais interessados em nossos interesses do que no bem comum?

Estrutura do pensamento

Esses elementos são as partes do pensamento que precisam ser consideradas ao raciocinarmos sobre um assunto qualquer. Começamos com um propósito, traduzido numa pergunta-chave. Depois fazemos inferência com base em informações, premissas e conceitos, que nos leva a implicações e consequências. Fazemos esse raciocínio considerando múltiplos pontos de vista. Seguem os elementos que compõem a estrutura básica do pensamento, como proposto pelos autores em [ELDER1], [ELDER2] e [PAUL].

Propósitos

Todo raciocínio é conduzido com um propósito; normalmente estamos conscientes somente de alguns deles. É importante definir claramente quais são os nossos propósitos (ou da outra pessoa). Quando inconscientes, as pessoas geralmente não os admitem.

Os propósitos devem apresentar diversos atributos de qualidade: clareza em vez de obscuridade, significância, deve ser exequível, consistente, justificável e justo.

Ao questionar os propósitos, devemos nos posicionar como se não tivéssemos entendido completamente o propósito e as intenções da outra pessoa (ou nossas). Seguem alguns exemplos de perguntas que podemos formular para validar esta dimensão:

- O que estamos tentando conseguir?
- Qual é nosso objetivo?
- Quais são os nossos propósitos?

- Qual é a finalidade desta conversa, texto, etc.?
- Por que estamos escrevendo esse texto? Quem são os leitores? Quais são seus interesses?
- Por que estamos fazendo esta apresentação? Quem são os ouvintes? Quais são seus interesses?

Pergunta-chave

As perguntas guiam nossa mente na direção do nosso propósito. Todo raciocínio consiste em uma tentativa de responder uma pergunta (ou resolver um problema). Uma pergunta indica a tarefa que temos em nossas mãos, ela deixa claro qual é o problema ou dificuldade central e deve ser expressa de forma clara e objetiva.

As perguntas decorrentes do questionamento devem ter atributos de qualidade como: clareza e precisão, significância, devem poder ser respondidas, relevantes e profundas.

Pode ser que precisemos decompor uma pergunta em outras questões mais específicas, que deveriam ser respondidas antes da questão principal. Também precisamos distinguir os diferentes tipos perguntas que podemos formular:

- Pergunta com uma única resposta conhecida e válida, que pode ser criticada e validada.
- Pergunta com respostas subjetivas, que dependem da opinião e dos valores pessoais. Não podem ser confrontadas por meio do pensamento ruim...
- Pergunta com múltiplas respostas válidas, sendo necessário julgamento para encontrar a mais adequada em cada situação. Essas podem ser validadas por meio do pensamento crítico.

Ao formular perguntas para validar essa dimensão, devemos considerar que não compreendemos claramente qual é a pergunta-chave a ser respondida. Seguem alguns exemplos de questionamentos:

- Qual questão estamos tentando responder?
- A questão está clara e não é tendenciosa?
- A questão está alinhada com nosso propósito?
- Existem outras perguntas secundárias?

Pontos de vista

Trata-se da perspectiva a partir da qual vemos e analisamos uma situação. Precisamos entender qual é nosso ponto de vista e avaliar se existem outros, assim como as fraquezas e forças de cada um deles.

Os seres humanos normalmente são egocêntricos e não estão dispostos a considerar as limitações dos seus pontos de vista. Para ser justo, precisamos levar em conta as perspectivas de todas as pessoas interessadas no assunto em discussão.

Os pontos de vista devem ter atributos como: flexibilidade, justiça, clareza, relevância e abrangência.

Devemos considerar, ao validar esta dimensão, que não entendemos quais são os pontos de vista relevantes para discussão. Seguem alguns exemplos de perguntas que podemos formular:

- Através de que ponto de vista estamos olhando para essa questão?
- Existem outros pontos de vista a considerar?
- Existem objeções oriundas de outros pontos de vista?
- Dentre os pontos de vista, qual faz mais sentido nessa situação?
- Você considerou outros pontos de vista que desafiam suas crenças?
- Que outras perspectivas devemos considerar: o que; quem; quando; quanto; onde; como; por quê?

Inferências

Todo raciocínio acontece por meio de inferências e interpretações, que nos levam às conclusões e à atribuição de significado. Inferências decorrem logicamente das evidências que temos à nossa disposição, não podemos inferir além do que as evidências demonstram. Também precisamos estar conscientes das premissas que estamos considerando. Caso contrário, existe o risco de tirarmos conclusões distorcidas, que atendem apenas aos interesses pessoais de uma das partes, corrompendo o senso de justiça.

Algumas pessoas podem fazer inferências com base em falsas premissas, como generalizações. Por exemplo, quando uma pessoa tem dificuldade de aprendizado podemos inferir que é por uma deficiência do professor. Depois poderíamos estabelecer a premissa errada de que sempre que alguém tem dificuldade com aprendizado é porque o professor é incompetente.

Quando entendemos claramente nosso processo de inferência, o que inclui nossos propósitos, premissas, pontos de vista e as implicações do nosso raciocínio, ganhamos controle sobre nosso pensamento. Por conseguinte, ganhamos maior controle sobre nossa vida.

As inferências devem apresentar os seguintes atributos de qualidade: clareza, lógica, serem justificáveis, profundas e consistentes.

Devemos, ao validar esta dimensão, que não temos uma visão clara da interpretação e do raciocínio. Seguem alguns exemplos de perguntas que podemos formular:

- Como chegamos a essa conclusão?
- Existem outras conclusões que poderíamos considerar?
- Há outra maneira de interpretar essas informações?
- Está claro qual é nossa linha de raciocínio, que nos leva das premissas até as conclusões?
- Meu raciocínio faz sentido?
- Pode explicar seu raciocínio?
- Como deveríamos interpretar as informações que temos à nossa disposição?

Informações

O raciocínio é baseado em dados, como: fatos, evidências, experiências, dentre outros. Não devemos inferir nada além do que os dados indicam. Para sermos justos devemos considerar tanto os dados que comprovam nossa tese quanto os que a contradizem. A ocultação de informações pode revelar contradição e hipocrisia.

As informações que embasam o raciocínio precisam apresentar atributos de qualidade como: clareza, relevância, precisão, importância, além de serem justas e adequadas ao contexto.

Para validar esta dimensão, devemos nos posicionar como se não tivéssemos uma compreensão das informações e dos fatos. Seguem alguns exemplos de perguntas:

- Que informações estamos considerando?
- Que experiência temos para dar suporte à pergunta-chave?
- Que informações precisamos para responder a nossa pergunta?
- As informações que temos são relevantes?
- As informações são corretas, precisas e possuem o nível necessário de detalhamento?

Conceitos

O raciocínio é baseado em conceitos, como teorias, ideias, hipóteses, leis e princípios. Logo, é necessário que esteja claro quais são os conceitos que estão embasando nosso raciocínio. Pensar "fora da caixa" implica, dentre outras coisas, em considerar o uso de conceitos alternativos, que podem nos levar a conclusões diferentes.

Conceitos devem ter atributos de qualidade como: clareza, relevância, profundidade e precisão.

Ao questionar esta dimensão devemos nos posicionar como se ainda não tivéssemos um entendimento claro dos conceitos que embasam o raciocínio. Seguem alguns exemplos de perguntas:

- Qual é a principal ideia?

- Podemos explicar essa ideia?
- Que conceitos precisamos para tornar a questão clara?
- Esses conceitos estão claramente entendidos?
- Quais são as principais hipóteses em nosso raciocínio?
- Precisamos reconsiderar os fatos que temos?

Premissas

Muitas vezes falhamos em nosso raciocínio porque consideramos premissas falsas ou erradas que desenvolvemos inconscientemente. Por exemplo, preconceitos, tendências, preferências, estereótipos, etc.

Trata-se de crenças que geralmente operam em nível subconsciente. Quando trazemos à tona as premissas que embasam o pensamento descobrimos as raízes dos preconceitos, os estereótipos, as tendências e as inclinações. Ao raciocinar precisamos identificar claramente nossas premissas (e também as do nosso interlocutor) e avaliar se são justificáveis. Pode ser que nossas premissas nos levem a distorções em nosso pensamento. As premissas devem ser claras, justificáveis e consistentes.

Para entender esta dimensão, devemos considerar que não temos uma visão clara das premissas consideradas. Seguem alguns exemplos de perguntas:

- O que estamos considerando como certo?
- Estamos considerando, sem consciência, alguma premissa duvidosa?
- Que premissas nos levaram a essa conclusão?
- Por que estamos assumindo isso ou aquilo?

Implicações

O raciocínio nos leva a conclusões que possuem implicações, boas e más. Pessoas sensatas pensam logicamente nas implicações de uma situação antes de agir. Precisamos ir além das implicações superficiais, fazendo perguntas com certo nível de profundidade.

As implicações devem apresentar atributos de qualidade como: significância, ser lógica, ter clareza e completude.

Ao questionar esta dimensão precisamos assumir que não teremos um entendimento claro do raciocínio a menos que tenhamos uma visão clara das suas implicações e consequências. Seguem alguns exemplos de perguntas:

- Quais seriam as implicações de aceitar essa conclusão?
- O que estamos sugerindo?
- Quais seriam as consequências se aceitássemos esse ponto de vista?

- Se decidirmos por X, quais seriam as implicações?
- Se decidirmos não fazer X, quais seriam as implicações?

Virtudes do pensamento

Se aplica aos elementos que compõem a estrutura do pensamento, indicados na figura anterior. Essas características indicam as virtudes do intelecto do pensador. Para cada uma temos algumas considerações importantes que devem ser levadas em conta ao criticarmos o raciocínio (nosso e dos outros).

Tabela 9.2. Virtudes e princípios do pensamento (adaptado de [ELDER1], [ELDER2] e [PAUL]).

Virtude	Descrição
Humildade	Para nos conscientizarmos dos limites do nosso conhecimento e dos nossos interesses e crenças tendenciosas que desenvolvemos ao longo da vida, incluindo: preconceitos, inclinações, superstições, etc.
Autonomia	Para pensar por conta própria, tendo controle sobre nossas crenças, valores e inferências. Devemos aceitar o que os outros nos impõem apenas depois de nos convencermos racionalmente de que isso é adequado. Também devemos desafiar normas, crenças e valores dos grupos aos quais pertencemos. Muitas vezes as pessoas adotam a posição da maioria sem criticar, de forma inconsciente. Ao aceitar a posição do grupo devemos fazê-lo de forma pensada.
Integridade	Para apresentar coerência entre nossos pensamentos e nossas atitudes. Devemos praticar os valores que falamos. Algumas pessoas podem exigir um padrão extremamente alto de pessoas que lhes são estranhas, mas ser tolerantes e condescendentes com elas mesmas e com seus amigos.
Coragem	Para desafiar nossas ideias, crenças e pontos de vista já enraizados.
Perseverança	Para nos mantermos aderentes aos nossos princípios apesar de dificuldades, obstáculos e frustrações. Muitas vezes sofremos uma oposição irracional por parte de outras pessoas, mas precisamos nos manter firmes e praticar o pensamento crítico.
Confiança na razão	Para incentivar os outros a pensarem por conta própria, para aprender por conta própria.
Empatia	Para colocar-se no lugar dos outros e entender seus pontos de vista (necessidades, propósitos, inferência, informações de suporte, etc.). Em muitos casos, ter posição diferente não significa estar errado, mas apenas ter outro ponto de vista. Para conseguir empatia numa situação de discordância, repita para a outra pessoa o que você entendeu sobre o ponto de vista dela, depois peça que ela repita para você o entendimento dela. Assim fica mais fácil entender a posição um do outro.
Não tendenciosa	Para considerar diferentes pontos de vista, sem nos desviar por interesses e sentimentos tendenciosos (nossos ou de outras pessoas).

Conclusão

Segundo [ELDER1], [ELDE2] e [PAUL], duas barreiras importantes para o sucesso do pensamento crítico são a falta de controle das nossas emoções e o egoísmo.

O egoísmo é uma característica inata de todo ser humano. O convívio social e a educação formal podem estimulá-lo ou atenuá-lo. Quando pensamos de forma altruísta, o contrário de egoísta, consideramos as necessidades dos outros mais importantes que as nossas (ou pelo menos com o mesmo nível de importância). Quando raciocinamos, temos a tendência natural de favorecer (com argumentos, premissas, etc.) os pontos de vista que preferimos. Algumas pessoas podem chegar a distorcer a realidade para manter seu ponto de vista particular.

Outra forma de egoísmo é o sociocentrismo. Os seres humanos são sociais por natureza. Desde crianças aprendemos a viver em grupos (na família, na escola, no trabalho, na cidade, etc.) e, assim, absorvemos os valores e as ideologias desses grupos como parte do processo de socialização.

Quando praticamos o pensamento crítico temos que nos forçar a considerar as necessidades alheias e os pontos de vista de outras pessoas. Muitas vezes, as pessoas que contrariam as ideias e crenças desses grupos são consideradas desleais ou desviadas e são rejeitadas. Contudo, quem pratica o pensamento crítico tem coragem para desafiar o *status quo*.

Nossos pensamentos afetam nossas emoções; e estas, que podem ser negativas ou positivas, demonstram como percebemos nossas ideias. Muitas dessas emoções operam em nível inconsciente. Como pensadores críticos, quando sentimos uma emoção negativa devemos investigar quais são os pensamentos que a originaram.

Segundo Elder, ao controlar com sucesso nossos pensamentos, e, por conseguinte, nossas emoções, desejos e pensamentos egoístas, podemos ser tudo aquilo que desejamos. "Podemos ser autores de nossas próprias vidas".

9.2 Argumentação

A argumentação é um dos principais mecanismos de inferência. Nasceu com a atitude filosófica, a atitude de indagação, de questionar e fazer perguntas. Por meio da argumentação é possível confrontar diferentes pontos de vista para encontrar qual é o melhor. Um argumento não é apenas a negação do que outra pessoa diz. Mesmo que nosso interlocutor diga algo que saibamos ser errado, para resolver a diferença temos que produzir argumentos.

Quando discutimos, normalmente assumimos determinadas teses como certas (essas são as premissas do nosso argumento) e tentamos mostrar que, se alguém aceita essas premissas, então também deveria aceitar a conclusão do argumento. Uma vez que tenhamos chegado a uma conclusão, apoiada em boas razões ou premissas, devemos usar as técnicas de argumentação para defendê-la. Um bom argumento oferece razões e evidências de modo que outras pessoas possam formar suas opiniões. A forma de convencer outras pessoas é oferecer a elas as mesmas razões e evidências que nos convenceram.

Para sermos convencidos por um argumento há dois pré-requisitos: temos que aceitar suas premissas como certas e deve estar óbvio que a sua conclusão é decorrente dessas premissas. Quando avaliamos um argumento, temos que fazer as seguintes perguntas: as premissas são verdadeiras e dignas de nossa crença? Será que realmente a sua conclusão decorre das premissas?

Para facilitar o entendimento, podemos modelar um argumento por meio de um diagrama de causa e consequência, como mostrado na figura seguinte. Trata-se de um mapa que demonstra como uma premissa leva a outra, que leva a outra, e assim sucessivamente, até chegarmos à conclusão. Mapeamos as causas que, isoladamente ou em conjunto, geram as consequências. Depois mapeamos as causas das causas, até chegarmos a uma eventual causa-raiz, como ilustrado na figura seguinte. A seguir temos algumas das regras básicas para construção de argumentos, extraídas de [WESTON].

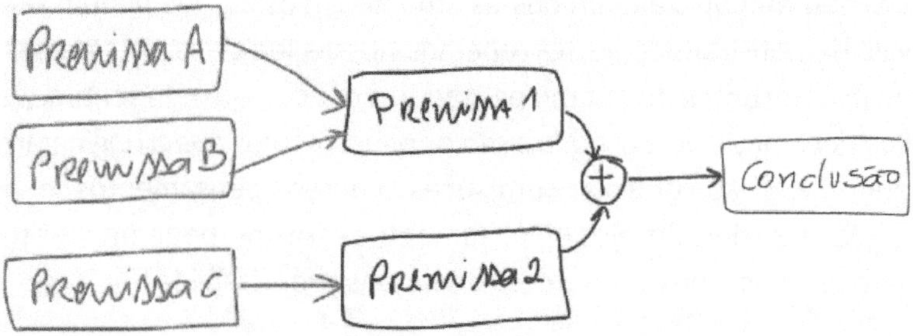

Figura 9.2. Estrutura de um argumento.

Regras gerais para construção de argumentos

Ao desenvolver um argumento recomenda-se começar com as premissas mais fortes. Não faz diferença quão fortes sejam nossos argumentos, a conclusão será fraca se nossas premissas forem fracas. Também é importante ser conciso e objetivo. Frases elaboradas e prolixas confundem as pessoas e minam a credibilidade.

Seguem alguns exemplos de argumentos. Algumas palavras e expressões comuns que sinalizam sua conclusão são: assim, portanto, daí, segue-se que, então, por isso, logo, consequentemente. Vejamos o seguinte exemplo de [WESTON].

> *Você precisará de uma nova transmissão, ou um novo carburador, ou um carro inteiramente novo; então é melhor você começar a economizar cada centavo.*
>
> *O direito da mulher de controlar o que acontece com seu corpo sempre tem precedência sobre os direitos de um feto. Consequentemente, o aborto é sempre moralmente permissível.*
>
> *É sempre errado matar um ser humano, e um feto é, sem dúvida, um ser humano. Segue-se que o aborto é sempre errado.*

Generalizações

A generalização é uma forma de dedução baseada na reunião de propriedades particulares de alguma coisa. Por inferência, podemos concluir que é correto atribuir essas mesmas propriedades a outros objetos que pareçam similares. Algumas regras de generalização são:

- **Usar mais que um exemplo** – Um único exemplo pode ser suficiente se o objetivo for apenas ilustrar uma ideia. Porém, um único exemplo não será suficiente para apoiar um argumento baseado em generalização. Por exemplo, a existência de um político corrupto não prova que todos os políticos em geral sejam mau-caráter, será necessário mais que um exemplo.
- **Usar exemplos que sejam representativos** – Mesmo um conjunto grande de exemplos pode não representar adequadamente o conjunto generalizado. Precisamos considerar os casos mais típicos, que representam melhor aquilo que está sendo generalizado.
- **Conhecer a frequência** – Precisamos conhecer a frequência com que os eventos (que estamos usando como premissas) acontecem. A taxa de ocorrência em relação à quantidade total de eventos pode ser alta ou baixa. Dessa forma, é possível determinar a representatividade dos nossos casos de exemplo.
- **Dados estatísticos requerem uma visão crítica** – Normalmente dados estatísticos carregam uma aura de autoridade e precisão. Algumas pessoas, ao verem um número como argumento, concluem que o argumento é confiável e preciso. Contudo, os números podem fornecer uma evidência incompleta. Por exemplo, quando usamos um percentual como argumento, é muito importante saber qual é a quantidade total de exemplos. Por exemplo: 10% de uma população de cinco pessoas representa uma coisa completamente

diferente de 10% de uma população de 5.000. Outra situação de erro comum é a precisão exagerada. Quando um argumento mostra que 98,765% da população é a favor de algo, devemos questionar: o que esses números decimais indicam de fato? A aparência de precisão faz a evidência parecer mais confiável do que ela é realmente.

- **Considerar os contraexemplos** – Contraexemplos são os exemplos que contradizem a generalização. Ao construir um argumento baseado em generalização, é vital buscar por contraexemplos desde o princípio. Pode ser que a generalização precise ser reconsiderada.

Argumentação por analogia

O argumento por analogia vai abordar a semelhança entre dois casos. Diferentemente da generalização, onde precisamos usar vários exemplos, nos argumentos por analogia usamos apenas um exemplo específico. Dois exemplos diferentes poderiam ser divergentes entre si e confundir nossos interlocutores. O exemplo usado precisa ser compatível e verdadeiro com a questão defendida no argumento.

- **Analogias requerem exemplos que tenham alguma similaridade** – Analogias não exigem que o exemplo utilizado seja exatamente igual à conclusão. Por exemplo, ao comparar o corpo humano a carros, no que diz respeito à manutenção, devemos levar em consideração que corpos não são de metal e plástico como os carros. Somos feitos de carne e osso. Analogias exigem apenas algumas semelhanças relevantes para apoiar nosso argumento. O material do qual os carros são feitos pode ser irrelevante se o argumento for sobre a necessidade da manutenção de sistemas complexos.

As pessoas levam seus carros para manutenção e check-ups a cada poucos meses sem reclamar. Por que eles não deveriam tomar cuidados semelhantes com seus corpos?

Fontes – Argumentos de autoridades

Ninguém pode se tornar um especialista, através da experiência direta, em tudo o que há para saber. Não podemos provar todos os vinhos do mundo para determinar qual é o melhor. Em vez disso, temos que confiar em outras fontes mais qualificadas ou situadas, como organizações, pesquisas e trabalhos de referência, cientistas, especialistas, etc., para nos dizer mais sobre o que precisamos saber. Nessas situações, precisamos dos argumentos de autoridade, que possuem a seguinte estrutura: X diz Y, X é uma fonte na qual confiamos; logo, Y é verdadeiro. Por exemplo:

> *Carl Sagan diz que há vida em outros planetas.*
> *Carl Sagan é um especialista respeitado e confiamos nele.*
> *Logo, deve haver vida em outros planetas.*

Argumentação de causalidade

Os argumentos causais defendem uma conclusão por meio de correlações – uma associação entre dois eventos ou tipos de eventos. Correlações invertidas também podem sugerir causalidade – quando o aumento em um fator leva à diminuição em outro. A forma geral deste argumento é: evento ou condição E1 está normalmente associada com o evento ou condição E2. Logo, o evento ou condição E1 causa o evento ou condição E2. Ou seja, por causa de E1 ser regularmente associado a E2, nós concluímos que E1 causa E2. Por exemplo:

> *Pessoas que meditam tendem a ser mais calmas.*
> *Logo, a meditação acalma as pessoas.*

Alguns cuidados que precisamos ter com esse tipo de argumento são:

- **Correlações podem ter outras explicações –** O problema é que uma correlação pode ser explicada de diferentes formas. Algumas vezes não é óbvio, a partir da correlação, qual é a melhor maneira de identificar as causas subjacentes. Alguma outra causa pode ser a fonte do fenômeno e explicar a correlação. Finalmente, múltiplas e complexas causas podem estar atuando simultaneamente, levando a situação para diferentes direções.
- **Considerar primeiro a explicação mais óbvia –** Já que é possível encontrar uma variedade de explicações para uma correlação, o desafio para um argumento baseado em correlação é encontrar a explicação mais óbvia. Primeiro devemos identificar as conexões, entendendo como cada explicação possível poderia fazer sentido. Não podemos assumir que cada pequena particularidade precisa ter uma explicação complexa. Já é difícil levantar os elementos básicos, ninguém precisa ter explicação para tudo.

Argumentos dedutivos

Argumentos dedutivos diferem dos outros tipos de argumentos até agora considerados, pois mesmo um grande número de premissas verdadeiras não garante a verdade da conclusão. Nos argumentos não dedutivos, a conclusão inevitavelmente vai além das premissas, como a argumentação com base em exemplos e autoridade.

A conclusão de um argumento dedutivo válido apenas torna explícito ou confirma o que já está contido nas premissas. Até mesmo quando as premissas são incertas, a forma dedutiva oferece uma maneira eficaz de organizar uma discussão.

Seguem algumas técnicas de argumentação dedutivas:

- ***Modus ponens*** – São argumentos com a seguinte estrutura: se p, então q; temos p; logo, q. Nessa forma de argumentação coloque p e obtenha q. Vejamos um exemplo extraído de [WESTON].

> *Se os motoristas nos telefones celulares provocam mais acidentes, então motoristas deveriam ser proibidos de utilizá-los enquanto guiam.*
>
> *Motoristas utilizando telefones celulares de fato provocam mais acidentes.*
>
> *Logo, motoristas deveriam ser proibidos de utilizar os telefones celulares enquanto dirigem.*

- ***Modus tollens*** – Sua estrutura é: sempre que p, então q; não q, logo, não p. Aqui "não q" simplesmente simboliza a negação de q, ou seja, "não é verdade que q" ou "q é falso". A mesma interpretação se aplica a "não p". Vejamos mais um exemplo de [WESTON].

> *Um cão era mantido no estábulo, ainda assim alguém entrou para pegar um cavalo, mas o cão não latiu. Obviamente, o visitante era alguém a quem o cão conhecia bem.*

Neste exemplo, se o visitante fosse um estranho, então o cão teria latido. O cão não latiu. Logo, o visitante não era um estranho.

- **Silogismo hipotético** – Sua estrutura é: se p, então q; se q, então r; logo, se p, então r. Vejamos outro exemplo extraído de [WESTON]:

Se você estudar outras culturas, então começará a ter consciência da variedade de costumes da humanidade.

Se você tiver consciência da variedade de costumes da humanidade, então você vai começar a se tornar mais tolerante.

Logo, se você estudar outras culturas, então você vai começar a se tornar mais tolerante.

Os silogismos hipotéticos são válidos para qualquer quantidade de premissas, desde que cada premissa tenha a forma "se p, então q", sendo que o q (chamado de consequente) de uma premissa seja usado como p (chamado de antecedente) na próxima premissa. Ainda não afirmamos a veracidade das premissas, afirmamos apenas a validade da inferência que nos leva das premissas para a conclusão. Somente quando afirmamos a veracidade das premissas é que podemos afirmar a veracidade da conclusão.

- **Dilema –** Um "dilema" é uma escolha entre duas opções, sendo que ambas têm consequências ruins. Sua estrutura é: temos p ou q; se p, então r; se q, então s; logo, r ou s. Jesus colocou um dilema desse tipo para os fariseus quando desafiou publicamente a autoridade deles:

Ele respondeu-lhes: "eu também lhes faço uma pergunta. Agora me digam, o batismo de João era do céu ou dos homens?". E eles discutiram uns com os outros, dizendo: "se dissermos: 'do céu', ele dirá: 'por que vocês não acreditam nele?'. Mas, se dissermos: 'dos homens', todo o povo nos apedrejará, pois eles acreditam que João é profeta". (Lucas 20: 3-6)

Logicamente, o dilema dos fariseus era:

- Ou dizemos que o batismo de João era do céu (c) ou era dos homens (h).
- Se dissermos que era do céu (c), vamos ser responsabilizados (r) por não acreditar nele.
- Se dissermos que era dos homens (h), vamos ser apedrejados (a) por insultar a crença popular.
- Portanto, ou nós vamos ser responsabilizados por não acreditar (r) nele ou vamos ser apedrejados por insultar a crença popular (a).

Simbolicamente, fica da seguinte forma: c ou h; se c, então r; se h, então a; logo, r ou a.

Contra-argumentação

Em geral construímos argumentos abordando somente o lado "bom" de uma questão. Quando as objeções aparecem ficamos chocados. Dessa forma, acabamos descobrindo tarde demais que não pensamos o suficiente sobre os possíveis contra-argumentos. Desde o início, precisamos refletir sobre os pontos negativos e melhorar nossos argumentos para não sermos surpreendidos. Dessa forma também mostramos que fizemos a "lição de casa", explorando diferentes aspectos da questão em discussão com a mente aberta.

Se estivermos defendendo um curso de ação, não é suficiente mostrar que nossa proposta vai resolver um problema. Também precisamos mostrar que ela é melhor do que outras formas plausíveis de resolver esse mesmo problema.

Refutação

Se estivermos na posição de quem precisa tentar refutar os argumentos elaborados por alguém mais, sejam eles escritos ou apresentados verbalmente, temos duas alternativas. Primeiro, devemos avaliar se as regras da boa argumentação foram respeitadas; segundo, podemos usar os estratagemas propostos por Schopenhauer.

Primeiramente, segundo [SCHOPENHAUER], um debate sempre parte de uma tese (ou afirmação). De um lado alguém sustenta uma tese e de outro lado um adversário tenta derrubá-la.

Como atacar a tese do adversário? Conforme proposto em [SCHOPENHAUER], podemos responder a essa pergunta de dois modos: atacando a tese em si mesma (a coisa ou assunto) ou atacando a pessoa que sustenta a tese. Schopenhauer propôs os seguintes modos de refutação:

- **Modo *ad rem*** – Demonstramos que aquela tese não concorda com as verdades tidas como absolutas no debate.
- **Modo *ad hominem* ou *exconcessis*** – Não se ataca a tese, mas a pessoa do adversário. Dizemos que a tese do adversário não é coerente com as ideias reveladas por ele ao longo de sua vida ou, até mesmo, ao longo do próprio debate.

Schopenhauer também ensina que podemos responder àquela pergunta (como atacar a tese do adversário?) de duas outras maneiras ou métodos:

- **Refutação direta** – Concentra-se nos fundamentos. Temos, dessa forma, dois caminhos para atacar: ou negamos os fundamentos da tese ou os aceitamos, mas negamos que aquela tese resulta deles.
- **Refutação indireta** – Concentra-se nas prováveis ou possíveis consequências da tese. Demonstramos a impossibilidade da tese diante das eventuais consequências que resultem dela. Mais uma vez temos dois caminhos:
    - ***Apagoge* ou condução ao absurdo** – Combinamos a tese do adversário com uma proposição aceita pacificamente para retirar uma conclusão falsa dessa combinação.
    - **Instância** – Damos um exemplo isolado compreendido na tese genérica que a contraria, demonstrando, portanto, sua invalidade. Nas palavras de Schopenhauer, é a "refutação da proposição universal mediante indicação direta dos casos particulares compreendidos em seu enunciado aos quais ela não pode se aplicar". A afirmativa "todos os ruminantes têm chifres", por exemplo, é demolida pelo único exemplo do "cavalo".

Esses "modos" e "métodos" podem ser misturados de forma aleatória. Podemos, por exemplo, negar os fundamentos da tese (primeiro caminho do método da refutação direta) utilizando o modo *ad rem* ou o modo *ad hominem*, ou então utilizar uma instância (exemplo em contrário) para atacar *ad rem* ou *ad hominem*. Não é uma estratégia preconcebida que orienta a argumentação, mas a criatividade do argumentador.

Armadilhas

Schopenhauer também deixou um estudo de armadilhas e artifícios argumentativos. Na maioria dos casos, são capciosos e enganadores. Essas técnicas normalmente são utilizadas em debates cuja principal ferramenta é a argumentação. Mas também podem ser usadas na crítica e construção de textos, como livros, artigos, resumos, redações, dentre outros. Ao conhecer essas armadilhas podemos evitar de cair em algumas delas usando argumentos fracos quando desenvolvemos um texto, e também podemos nos defender melhor de pessoas mal-intencionadas que usem essas técnicas.

Cada estratagema representa uma possibilidade de vencer ou, ao menos, de não sair como perdedor em uma discussão. Embora Schopenhauer não tenha denominado nenhum deles, em [BARBOSA] foram atribuídos nomes a cada um dos estratagemas. Da mesma forma, Barbosa agrupou os estratagemas por afinidade, alterando, dessa forma, a ordem de apresentação original de Schopenhauer. A seguir temos uma descrição de alguns deles, adaptada de [BARBOSA].

- **Partindo do silogismo** – Armadilhas associadas ao processo de raciocínio, generalizando uma afirmação para tentar demonstrar um ponto de vista ou omitindo premissas.
  - **Salto indutivo** – Induzir consiste em retirar uma conclusão genérica a partir de afirmações particulares. Quando o adversário concordar com os casos particulares resultantes da indução que fizemos, então podemos introduzir essa verdade geral no debate como se ela já tivesse sido aceita por ele. Sem se dar conta, nosso oponente poderá acreditar que admitiu aquela verdade geral, que fora induzida.
  - **Omissão de premissa** – Se nosso oponente já aceitou todas as nossas premissas, não devemos perguntar mais nada. O próximo passo é simplesmente tirar a conclusão a partir das premissas já aceitas. Trata-se de avançar direto para a conclusão, presumindo a aceitação das premissas que não foram discutidas.
- **Utilizando perguntas** – Formulamos perguntas à medida que discutimos o assunto e, a partir das respostas, pouco a pouco vão se formando as premissas. Quando nosso interlocutor aceitar as premissas mínimas necessárias à conclusão, concluímos a tese. Esta é uma abordagem vagarosa, mas é clara e precisa para a demonstração de uma tese.
  - **Perguntas em desordem** – Utilizamos muitas perguntas de maneira apressada. Sem tempo para refletir, nosso interlocutor acabará admitindo o que queremos e concluiremos nossa tese. Dessa forma, podemos mascarar eventuais falhas ou lacunas que provavelmente não seriam admitidas pelo oponente se a exposição fosse clara e vagarosa.
  - **Inversão para a negativa** – Quando percebemos que o adversário responde intencionalmente de forma negativa às nossas perguntas, fazemos o contrário. Invertemos as perguntas para que, com a negativa dele, nossa premissa seja confirmada.
  - **Alternativa forçada** – Para que o adversário concorde com a nossa afirmação, nós a apresentamos juntamente com uma afirmação contrária que se mostra pouco provável, ressaltando essa oposição. Ele acaba escolhendo a nossa afirmação porque a outra é muito menos provável. Podemos dizer, por exemplo: "você está favor ou é contra...?", como se houvesse apenas duas alternativas.
- **Utilizando provas** – Para justificar suas alegações, nosso adversário pode apresentar provas (sinais, indícios, etc.) das suas alegações. Por meio desses estratagemas podemos tentar reduzir o peso ou a validade das provas.
  - **Distinção de emergência** – Quando o adversário apresenta uma prova contrária à nossa tese, podemos nos defender com uma distinção sutil

se a questão admitir dupla interpretação ou casos diferentes. Podemos dizer, por exemplo, que aquela prova contrária à nossa tese não a refuta porque as situações são diferentes ou porque se trata de um caso isolado.

  - **Tomar a prova pela tese –** Quando o adversário utiliza uma prova ruim para defender sua argumentação, a contestamos como se estivéssemos derrubando a tese em si.

- **Utilizando a brevidade –** Apresentar um argumento por meio de uma longa explicação não causa grandes danos ao adversário. A brevidade de um contra-argumento é melhor, pois pode gerar grandes efeitos psicológicos no debate a favor de quem contra-argumentou. Os argumentos longos podem ser de difícil entendimento.
- **Fugindo da discussão –** Quando a pessoa percebe que está em desvantagem, tenta fugir da discussão ou mudar de assunto.
  - **Fuga do específico para o universal –** Se o oponente exige expressamente que refutemos algum ponto específico (concreto) de sua tese, mas não enxergamos nada adequado, podemos refutar o aspecto geral da tese. A utilização de diversos exemplos passa a impressão de que estamos refutando de forma mais específica, disfarçando essa fuga do específico para o universal.
  - **Negação da teoria na prática –** Neste estratagema utilizamos, nas palavras de Schopenhauer, a sentença: "'isso pode ser verdade em teoria; mas na prática é falso'". Logo, se há incoerência entre a teoria e a prática então a teoria proposta está errada. Para nos defendermos desse estratagema, podemos afirmar que o contexto prático é diferente daquele considerado para elaboração da teoria.
  - **Você também –** Acontece quando evitamos ter que nos defender de críticas ou acusações virando as próprias críticas contra o acusador, respondendo as críticas com críticas. Esta falácia geralmente é empregada como um mecanismo de defesa. Independentemente da veracidade da contra-acusação, esta é uma tática para evitar ter que reconhecer e responder a uma acusação contida em um argumento: ao devolver o foco para o acusador, o acusado foge de ter que responder à acusação.
  - **Pergunta carregada –** Você faz uma pergunta que tem uma afirmação embutida, de modo que ela não pode ser respondida sem certa admissão de culpa. Falácias desse tipo são particularmente eficientes em descarrilar discussões racionais, graças à sua natureza inflamatória. Por exemplo, "por que você nunca termina suas atividades no prazo?". O receptor da pergunta carregada é compelido a se justificar e pode parecer

abalado ou na defensiva. Esta falácia não apenas é um apelo à emoção, como também muda o rumo da discussão de forma enganosa.

- **Ônus da prova** – Acontece quando exigimos que outra pessoa prove que estamos errados, em vez de nós mesmos provarmos que estamos certos. O ônus (obrigação) da prova está sempre com quem faz uma afirmação, nunca com quem refuta. A impossibilidade, ou falta de intenção, de provar uma afirmação a invalida, fazendo com que perca a credibilidade. Tirar a importância de um argumento só porque ele apresenta um fato que não foi provado é um argumento falacioso.

Segundo [BARBOSA], o conhecimento se tornou uma arma. Os conhecimentos relacionados à argumentação (organização de argumentos, artifícios argumentativos, etc.), por consequência, tornaram-se armas nas mãos pessoas mal-intencionadas. Quando conhecemos essas ferramentas podemos nos proteger melhor dos enganadores e dos nossos próprios enganos. Os riscos de engano diminuem à medida que conseguimos identificá-las e contra-atacá-las.

Falácias

Falácias são erros de lógica na argumentação. Ao dizer que algo é uma falácia, estamos afirmando que foi violada alguma regra da boa argumentação. Precisamos estar atentos quando argumentamos, tanto de forma escrita como falada, para não cometermos falácias. Quando isso acontece, nosso trabalho pode ser comprometido e desacreditado. O mesmo acontece quando analisamos os argumentos de outras pessoas. Seguem algumas falácias comuns:

- ***Ad ignorantiam*** – Significa "apelar à ignorância" e acontece quando defendemos que algo é verdadeiro apenas porque não existe nenhuma prova que demonstre que seja falso.
- ***Ad populum*** – Apelar às emoções da massa (multidão, grupo, etc.) ou a uma pessoa que represente ou simbolize essa massa. Por exemplo, argumentar que "agimos assim porque todo mundo está fazendo isso!". A falha nesse argumento é que a popularidade de uma ideia não tem absolutamente nenhuma relação com a sua validade. Se houvesse, a Terra teria sido considerada plana por muitos séculos, pelo simples fato de que todos acreditavam que ela era assim.
- **Desvirtuando a questão ou argumentação circular** – Usar implicitamente a conclusão como premissa. Por exemplo, o argumento "Deus existe porque isso está afirmado na Bíblia, e o que a Bíblia afirma é verdade porque foi Deus que revelou seu conteúdo".

- **Falso dilema** – Um número limitado de opções (geralmente duas) é oferecido, quando na realidade há mais opções. Um falso dilema é um uso ilegítimo do operador "OU". Colocar problemas ou opiniões em termos de "preto e branco" são exemplos comuns desta falácia. Por exemplo: "se você não está a meu favor, então é porque você está contra mim". Essa tática aparenta estar formando um argumento lógico, mas sob análise mais cuidadosa fica evidente que há mais possibilidades além das duas apresentadas.
- **Incredulidade pessoal** – Por consideramos algo difícil de entender, ou não sabermos como funciona, afirmamos que não é verdadeiro. Assuntos complexos como evolução biológica através de seleção natural exigem alguma medida de entendimento sobre como as coisas funcionam antes que alguém possa contra-argumentar. Esta falácia é geralmente usada no lugar do entendimento.
- **Autojustificação** – Alteramos as regras ou abrimos uma exceção quando nossa afirmação é exposta como falsa. Em geral, as pessoas têm uma aversão boba a estarem erradas. Em vez de aproveitar os benefícios de poder mudar de ideia graças a um novo entendimento, muitos se agarram a crenças enraizadas.
- **Falsa causa** – Acontece quando escolhemos muito bem um padrão ou grupo específico de dados que sirva para provar nosso argumento sem ser representativo do todo. Grupos específicos de dados como esses podem não necessariamente indicar que há uma relação causal. Esta falácia pode ser explicada por meio do exemplo de um atirador que dispara aleatoriamente contra a parede de um galpão e na sequência pinta um alvo ao redor da área com o maior número de buracos, fazendo parecer que ele tem ótima pontaria.
- **Meio-termo** – Declaramos que uma posição central entre duas extremas deve ser a verdadeira. Em muitos casos, a verdade realmente se encontra entre dois pontos extremos, mas isso pode enviesar nosso pensamento: o meio do caminho entre uma verdade e uma mentira continua sendo uma mentira.

9.3 Um exemplo prático – Avaliação de um livro, artigo ou redação

Uma forma de entender um artigo ou redação é analisando o raciocínio do autor. Ao avaliar os vários aspectos da estrutura do pensamento do autor, segundo [ELDER1], podemos ter uma boa ideia da sua linha de raciocínio. O entendimento amplo de todos esses aspectos, em vez do entendimento fragmentado, facilita muito o aprendizado e a retenção do conhecimento (a consolidação do conhecimento compartilhado pelo autor). Assim estaremos mais bem posicionados para formular nossas críticas e concordar ou não com o autor.

Além de formularmos perguntas para entender e avaliar as várias dimensões do pensamento, também devemos formular perguntas associadas à qualidade do pensamento, sobre a clareza, relevância, lógica, precisão, abrangência, profundidade, etc. Além de entender a estrutura do seu pensamento, isso nos permitirá avaliar a qualidade do seu raciocínio.

Vejamos os tipos de perguntas que podemos formular, conforme [PAUL] e [ELDER1]:

1) Formular perguntas para entender qual é o propósito do texto, a intenção do autor. Por exemplo: o propósito do autor está claro? É justificável?

Ao responder essas perguntas podemos afirmar que o principal propósito do autor é _________________.

2) Formular questionamentos e inferir quais são as perguntas-chave que o autor está tentando responder. Por exemplo: o que o autor está tentando responder? A questão é coerente com a complexidade do assunto?

Ao responder essas perguntas podemos afirmar que a pergunta-chave que o autor está abordando é _________________.

3) Deduzir qual é a informação mais relevante utilizada pelo autor para defender sua inferência e conclusões, como fatos, experiências, dados, etc. Formular perguntas para verificar a precisão, veracidade, tendências, dentre outros aspectos, das informações. Por exemplo: o autor está considerando um conjunto relevante de evidências, experiências, dados, dentre outras informações? Que evidências ele está considerando? Os dados são precisos? Os dados são válidos? Quais são as fontes e como foram obtidas?

Ao responder às perguntas podemos afirmar que as principais informações usadas pelo autor para dar suporte ao seu raciocínio são _______________.

4) Entender a inferência feita pelo autor e as conclusões decorrentes. Formular perguntas para desafiar as interpretações do autor. Por exemplo: quais são os principais argumentos do autor? Que premissas ele considerou? As inferências nos levam logicamente das premissas às conclusões? As informações disponíveis suportam essa inferência? O autor considera conclusões alternativas?

> Ao responder a essas perguntas podemos afirmar que as principais inferências, incluindo argumentos e conclusões, do autor são _______________.

5) Entender os principais conceitos nos quais o autor se baseou ao desenvolver o texto. Formular perguntas para avaliar o domínio que o autor tem desses conceitos (teorias, ideias, hipóteses, etc.) e o significado que ele atribui a cada um deles. Por exemplo: quais são os conceitos-chave? O autor deixa claro seu entendimento sobre os conceitos citados?

> Ao responder às perguntas podemos concluir que os conceitos-chave que precisamos entender para avaliar esse texto são ____________________.
> A interpretação do autor para cada um deles é ____________________.

6) Formular perguntas para entender quais são as premissas que o autor assumiu em seu raciocínio. Por exemplo: o autor deixa claro quais são suas premissas? Como elas suportam as inferências do autor?

> Ao responder às perguntas podemos concluir que as principais premissas assumidas pelo autor em seu raciocínio são ____________________.

7) Entender quais são os pontos de vista do autor e formular perguntas para validar se outros pontos de vista poderiam ser considerados. Por exemplo: o autor é sensível a outros pontos de vista? O autor considera objeções ao seu ponto de vista?

> Ao responder às perguntas vamos entender que os principais pontos de vista considerados pelo autor são ____________________.

8) Formular perguntas para avaliar se o autor tem entendimento claro das implicações decorrentes das ideias que ele defende. Devemos formular perguntas sobre as implicações decorrentes de concordarmos ou não com o autor. Por exemplo: o autor mostra sensibilidade sobre as implicações decorrentes do seu ponto de vista? Quais são as implicações de aceitar o ponto de vista do autor? E se não aceitarmos?

> Ao responder às perguntas vamos saber que as principais implicações de concordarmos com as ideias do autor são ____________________.
>
> Também podemos saber que as principais implicações de discordarmos das ideias do autor são ____________________.

9.4 Resumindo

Ao dominar o pensamento crítico, passamos a desenvolver as habilidades necessárias para monitorarmos nossos pensamentos, melhorando nossa capacidade de articular ideias. Trata-se de uma abordagem universal e interdisciplinar, que podemos aplicar em qualquer área do conhecimento. Mesmo quando não temos domínio de uma área, ainda podemos formular perguntas que vão orientar o processo de raciocínio. Por exemplo, podemos não saber nada sobre astronomia, mas quando nos é apresentada uma ideia, podemos conduzir uma discussão abordando: seu propósito, pontos de vista, implicações e inferência (raciocínio, dados de suporte, conceitos e premissas). Ao aplicá-la podemos ganhar uma visão mais clara das questões que estamos analisando. Isso nos capacitará a ajudar outras pessoas (e a nós mesmos) na solução de problemas, tomada de decisão, desenvolvimento de alternativas, etc.

Devemos manifestar nossas ideias com base em um raciocínio claro e virtuoso, não em meras opiniões não fundamentadas. Antes de julgar precisamos avaliar o raciocínio com base na sua estrutura. O pensamento crítico é uma ferramenta que nos dá essa habilidade, como representado na figura seguinte.

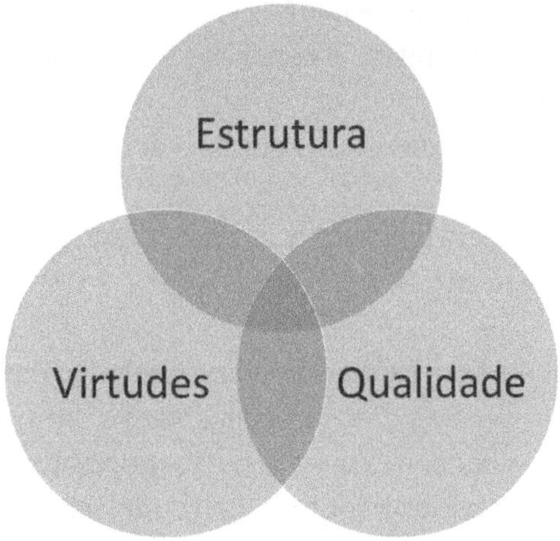

Figura 9.3. Dimensões do pensamento.

No pensamento crítico, há três dimensões:

- **Estrutura do pensamento** – São os elementos básicos; é composto por: propósito, pergunta-chave, inferência, informações, premissas, conceitos, pontos de vista e implicações.
- **Qualidades do pensamento** – São as características incorporadas ao pensamento: clareza, veracidade, precisão, relevância, lógica, abrangência, profundidade, significância e ética.
- **Virtudes do pensamento** – São características como: humildade, autonomia, integridade, coragem, perseverança, confiança na razão, empatia, não tendencioso.

A argumentação é uma das principais ferramentas para elaborarmos e expressarmos a inferência de um raciocínio ou nossa posição numa discussão. Um argumento válido parte de premissas, que tomamos como certas, e deve levar logicamente à conclusão que queremos demonstrar. O raciocínio usado em um argumento pode ser desenvolvido com base em generalização, analogia, autoridade, causalidade ou dedução.

Dado o caráter universal do pensamento crítico e da argumentação, podem ser utilizados em conjunto com outras ferramentas (apresentação, redação, desenhos, etc.), conferindo-lhes maior robustez. Podemos formular perguntas para validar o conteúdo da mensagem:

- Qual é o propósito do autor, do palestrante, da plateia e o meu propósito?
- Qual é a pergunta-chave que busca responder?

- Qual é a inferência ou raciocínio?
- Que informações, premissas e conceitos foram considerados para embasar o ponto de vista?
- Quais são as implicações e consequências consideradas caso o ponto de vista seja aceito?
- Avaliar a qualidade do pensamento: clareza, precisão, veracidade, profundidade, abrangência, etc.

Por exemplo, podemos organizar uma apresentação em torno das dimensões do pensamento crítico. Se dividirmos a apresentação em três partes, na primeira parte podemos compartilhar com a plateia nosso propósito e a pergunta-chave que buscamos responder (que poderia ser o título da apresentação). Na segunda parte, a mais longa delas, podemos desenvolver nossa inferência e abordar os dados de suporte, conceitos e premissas. Na última parte podemos concluir com os pontos de vista e as implicações. Também poderíamos usar essa mesma abordagem para desenvolver uma redação.

Referências Bibliográficas

[ADLER] ADLER, Mortimer. **Como ler livros:** um guia clássico para leitura inteligente. São Paulo: É Realizações, 2010.

[BARBOSA] BARBOSA, Daniel Sartório. Esboço de um possível guia prático para argumentação a partir da dialética erística de Schopenhauer. **JUS Navigandi**, jul. 2010. Disponível em: <http://jus.com.br/artigos/17008/esboco-de-um-possivel-guia-pratico-para-argumentacao-a-partir-da-dialetica-eristica-de-schopenhauer#ixzz3lwHM7mMj>. Acesso em: 08 abr. 2016.

[BUZAN] BUZAN, Tony. **The Mind Map Book:** how to use radiant thinking to maximize your brain's untapped potential. New York, NY: Plume, 1996.

[BAR-YAM] BAR-YAM, Yaneer. **Making Things Work:** solving complex problems in a complex world. Cambridge, MA: NECSI Knowledge Press, 2004.

[CASTRO] CASTRO, Claudio de Moura. **Você Sabe Estudar?** Porto Alegre: Penso, 2015.

[CURY] CURY, Augusto. **O código da inteligência e a excelência emocional.** Rio de Janeiro: Ediouro, 2012.

[DRUCKER] DRUCKER, Peter F. **O Gestor Eficaz.** Rio de Janeiro: LTC, 2005.

[EADES] EADES, Keith. **New Solution Selling:** the revolutionary sales. New York, NY: McGraw-Hill, 2003.

[ELDER1] ELDER, Linda; PAUL, Richard. **The Thinker's Guide to Analytic Thinking:** the foundation for critical thinking. Tomales, CA: Foundation for Critical Thinking, 2012.

[ELDER2] ELDER, Linda; PAUL, Richard. **The Thinker's Guide to The Art of Socratic Questioning:** the foundation for critical thinking. Tomales, CA: Foundation for Critical Thinking, 2006.

[FALCONI] FALCONI, Vicenti. **O Verdadeiro Poder:** práticas de gestão que conduzem a resultados revolucionários. Lima: INDG, 2009.

[FARIAS] FARIAS, Washington Silva de. Compreensão e Resumo de Textos: alguns aspectos teóricos e experimentais. **Revista de Letras**, n. 22, vol. 1/2, jan./dez. 2000.

[FAU1] FAU, Mauricio. **Aprende a Resumir:** colección resúmenes universitarios nº 32. Kindle edition. 2014.

[FAU2] FAU, Mauricio. **Aprende a Hacer Mapas Conceptuales:** colección resúmenes universitarios nº 47. Kindle edition. 2014.

[JUNG] JUNG, Carlos Fernando. Site. Disponível em: <http://www.jung.pro.br>. Acesso em: 08 abr. 2016.

[FREIRE] FREIRE, Paulo. **Pedagogia da Autonomia:** saberes necessários à pratica educativa. Rio de Janeiro: Paz e Terra, 2011.

[GALLO] GALLO, Carmine. **Ted:** falar, convencer, emocionar. Como se apresentar para grandes plateias. São Paulo: Saraiva, 2013.

[GALVÃO] GALVÃO, Joini. **Super-histórias no Universo Corporativo.** São Paulo: Panda Books, 2015.

[GOLEMAN] GOLEMAN, Daniel. **Inteligência Emocional.** Rio de Janeiro: Objetiva, 1996.

[HERMANN] HERMANN, Walther; BOVO, Viviani. **Mapas Mentais:** enriquecendo inteligências. Campinas: IDPH, 2005.

[KARIA1] KARIA, Akash. **TED Talks Storytelling:** 23 storytelling techniques from the best TED talks. 3rd. ed. Kindle edition. 2014.

[KARIA2] KARIA, Akash. **Storytelling for Electrifying Presentations.** Kindle edition. 2014.

[JENNINGS] JENNINGS, A. K. **ReadSuperFast.** Kindle edition. 2013.

[LEMOV] LEMOV, Doug. **Aula Nota 10:** 49 técnicas para ser um professor campeão de audiência. São Paulo: Da Boa Prosa, 2011

[MCKINSEY] MCKINSEY, Dave. **Strategic Storytelling:** how to create persuasive business presentations. Kindle edition. North Charleston, SC: SpeakingSherpa, 2014.

[PACHÓN] PACHÓN, Luis Enrique. **Como leer un libro:** para comprender, recordar y disfrutar sus lecturas. Bogotá: Samper, 1991.

[ROAM1] ROAM, Dan. **The Back of the Napkin (Expanded Edition):** solving problems and selling ideas with pictures. New York, NY: Portfolio/Penguin, 2013.

[ROAM2] ROAM, Dan. **Unfolding the Napkin:** the hands-on method for solving complex problems with simple pictures. Kindle Edition. New York, NY: Portfolio/Penguin, 2009.

[ROAM3] ROAM, Dan. **Blah Blah Blah:** what to do when words don't work. Kindle edition. New York, NY: Portfolio/Penguin, 2011.

[SALAS] SALAS, Carlos. **Trucos para escribir mejor.** Kindle edition. 2013.

[SALOMON] SALOMON, Délcio Vieira. **Como fazer uma monografia.** São Paulo: WMF Martins Fontes, 2014.

[SCHOPENHAUER] SCHOPENHAUER, Arthur. **Como Vencer um Debate Sem Ter Razão:** dialética erística. Rio de Janeiro: TopBooks, 2003.

[SIBBET1] SIBBET, David. **Visual Meetings:** how graphics, sticky notes and idea mapping can transform group productivity. Hoboken, NJ: Wiley, 2010.

[SIBBET2] SIBBET, David. **Visual Leaders:** new tools for visioning, management, and organization change. Hoboken, NJ: Wiley, 2012.

[SNOWDEN1] SNOWDEN, D. J.; KURTZ, C. F. The New Dynamics of Strategy: sense-making in a complex and complicated world. **IBM Systems Journal**, vol. 42, n. 3, 2003.

[SNOWDEN2] SNOWDEN, David J.; BOONE, Mary E. A Leader's Framework for Decision Making. **Harvard Business Review**, nov. 2007.

[SOARES] SOARES, Magda Becher; CAMPOS, Edson Nascimento. **Técnica de Redação:** as articulações linguísticas como técnica de pensamento. Rio de Janeiro: Ao Livro Técnico, 1978.

[DIJIK] VAN DIJIK, Teun. **La ciencia del texto.** Barcelona: Paidós, 1978.

[VOGLER] VOGLER, Christopher. **A Jornada do Escritor:** estruturas míticas para escritores. Rio de Janeiro: Nova Fronteira, 2011.

[WESTON] WESTON, Anthony. **The Rulebook for Arguments.** 4th. ed. Cambridge, MA: Hackett Publishing, 2008.

Índice Remissivo